淘宝网店
金牌客服实战

第2版

青枫◎著

人民邮电出版社

北京

图书在版编目（CIP）数据

淘宝网店金牌客服实战 / 青枫著. -- 2版. -- 北京：
人民邮电出版社，2021.10
ISBN 978-7-115-56589-1

Ⅰ. ①淘… Ⅱ. ①青… Ⅲ. ①电子商务—销售服务
Ⅳ. ①F713.36

中国版本图书馆CIP数据核字(2021)第103770号

内 容 提 要

如果说电子商务是不断前行的列车，那么客服就是推动列车前进的动力。本书针对客服工作的重点内容展开讲述，力图将零基础客服培养为金牌客服。

全书共 7 章，第 1 章介绍了网店客服的基本情况，即客服的主要工作、岗位要求和需要掌握的知识等；第 2 章介绍了售前、售中客服的工作流程，包括售前客服沟通的基本心态、知识储备、工作能力等内容；第 3 章解析了售前客服的经典案例，总结了实用性极强的销售技巧和话术；第 4 章详细讲解了售后客服的工作流程，帮助读者把握售后客服的主要工作内容和工作环境等；第 5 章解析了售后客服的经典案例，并对售后客服的工作技巧和话术等做了总结；第 6 章则以数据监控为切入点，对客服的工作考核方法做了细致的介绍，用通俗的语言生动细致地介绍了客服工作中的考查数据；第 7 章介绍了客服的招聘、培训和管理等，为客服工作的改进提供了保障。

本书既适合有意愿从事电子商务客服行业的人员阅读，也可以作为网络店铺培训客服的辅导性资料。

◆ 著　　　青　枫
　　责任编辑　马　霞
　　责任印制　彭志环

◆ 人民邮电出版社出版发行　　北京市丰台区成寿寺路 11 号
　　邮编　100164　　电子邮件　315@ptpress.com.cn
　　网址　https://www.ptpress.com.cn
　　北京虎彩文化传播有限公司印刷

◆ 开本：700×1000　1/16
　　印张：14.5　　　　　　　　　　　2021 年 10 月第 2 版
　　字数：192 千字　　　　　　　　　2025 年 8 月北京第 7 次印刷

定价：49.80 元

读者服务热线：(010)81055296　印装质量热线：(010)81055316
反盗版热线：(010)81055315

电子商务是借助互联网开放的网络环境，在全球范围内进行各种商贸活动，实现消费者的网上购物、商户之间的网上交易和在线电子支付等商务交易活动的新型商业运营模式。广为大众熟知的网上自由贸易平台有淘宝网、天猫商城、京东等。随着电子商务的蓬勃发展，消费者对网店服务的要求越来越高。

● 客服的发展与作用

客服工作是一项以服务顾客为价值导向的工作。在电子商务发展的起步阶段，电子商务还不完善，没有被广大顾客认知和信任，顾客在购买商品时不会首选电子商务平台，那时很多网店卖家也都是集美工、产品运营、客服于一身来经营网店的，客服并不被重视。但随着电子商务的迅速发展，卖家们意识到了客服在接待顾客、跟踪订单、售后服务中的重要性，于是客服越来越被重视，甚至被视为网店发展不可或缺的一环。事实也正是如此，电子商务平台出售的不仅仅是商品，更是一种服务，正因为客服能和买家进行正面接触，所以我们毫不夸张地说，客服工作在一定程度上决定着网店的成败。

● 本书编排思路

本书是一本专业的淘宝网店客服"修炼秘籍"，涵盖了淘宝网店客服所需要了解的重点知识。全书共7章，从客服的基本概况着手，层层深入，详细讲述了售前客服、售中客服和售后客服的工作流程和工作技巧，并解析了大量的经典案例，收集了大量客服的实战经验，用这些案例有效支撑所讲述的内容，让读者快速学习领悟，最后再详细讲解客服招聘与培训的方法，帮助淘宝网店科学而系统地招聘所需要的客服人才。

● 如何阅读本书

本书最大的特色就是没有拘泥于市面上大多数客服教程的讲解方式，而是用通俗的语言、详细的案例讲解了与客服相关的专业知识。阅读此书时，读者还可以打开网络平台，跟随书本的内容进行实际操作和记录。读者既可以根据书本编写的顺序学习，也可以根据自身需求查询阅读。让我们一起进步，成为优秀的金牌客服吧！

第1章

了解网店客服的基本概况

什么是网店客服？这是在这一章我们需要掌握的核心问题。我们以这个核心问题作为出发点，放射性地对网店客服的主要工作、岗位要求、重要性等多个方面进行讲解。除此之外，网店客服还需要掌握一些顾客心理才能更好地销售自己的商品。下面我们一起来探究网店客服的基本概况。

1.1 网店客服的主要工作和岗位要求

随着电子商务的蓬勃发展，经营网店的要求越来越高，运营一个网店不是一个人就可以完成的，而是需要一个团队去运作，其中客服是网店运营团队中不可或缺的部分。随着电商竞争的加剧，流量不再是网店运营的唯一核心指标，网店的转化率和成交量等指标变得越来越重要。因此，网店客服就变得尤为重要。下面我们一起来了解网店客服的主要工作和岗位要求。

1.1.1 网店客服的主要工作

第一，解答顾客咨询的问题，如顾客会咨询商品的材质、尺码大小、发货时间等。

第二，对于浏览了店铺商品并与客服进行交流，但依旧未下单的顾客，主动咨询顾客还有什么不清楚的问题，进一步促成顾客购买，并且记录顾客再次产生顾虑不下单的原因，给出多种合适的解决方案，下次在销售中碰到同样的问题时可以快速促单。

第三，顾客下单之后，快速主动核实收货地址，让顾客觉得贴心，并提醒顾客收到货后觉得满意就好评支持，或者在货物送达 3 天之后，主动联系顾客确认收货并给出好评。

第四，维系与老顾客之间的感情。遇到节假日，主动给老顾客带去关心并表达自己恳切的祝福，特别是在店铺做活动或者上新的时候，可以提醒老顾客前来光顾，并且推荐适合他的商品。

第五，售后问题的处理。遇到不讲理的顾客，委婉地拒绝他的要求；遇到催单的顾客，耐心安抚他；对于给了中差评的顾客，主动联系对方，查明原因。

第六，及时查看后台已下单未发货的订单。避免延时发货，尽早发现问题、处理问题，不能等顾客催促时才去找原因。

第七，将店铺商品销售情况及时反馈给店铺运营人员，提出相应的运营建议。

网店客服的主要工作如图 1-1 所示。

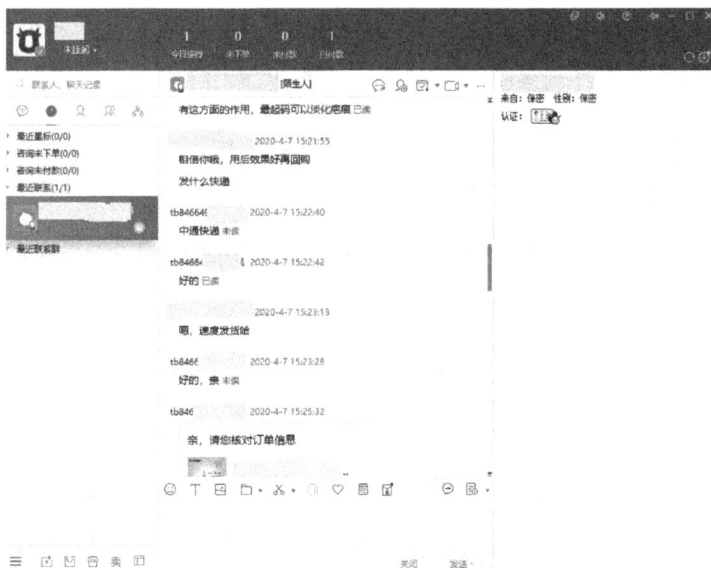

图1-1 网店客服的主要工作

1.1.2 网店客服的岗位要求

网店客服的基本职责要求

第一，熟悉自己的商品。当顾客来咨询的时候，要用专业的回答解决顾客的顾虑或者给顾客推荐合适的商品，让对方觉得体贴舒适。

第二，反应快。打字快是对客服的最基本要求。特别是在顾客很多的时候，打字速度要跟上，回答一个顾客的问题的时间应控制在 5 分钟之内，毕竟谁也不想被冷落。

第三，态度谦和。客服的话术一定要贴心柔和，让顾客有一种座上宾的感觉，多使用"亲""可以吗？""建议您"等温和的话语，让顾客有一种被尊重的、舒服的感觉。这样顾客才愿意再次光临。

第四，真诚交流。人和人之间最重要的就是真诚，不要为了销量而故意夸大商品的作用，相信没有人喜欢骗子，要实实在在为顾客着想。

客服是店铺中很重要的工作岗位之一，会直接影响店铺的销量，影响品牌传递。因为一个好的客服团队对于店铺的业绩、品牌树立，以及处理中差评、投诉都是非常重要的。

网店客服的基础技能要求

第一，打字速度为每分钟 70 字左右，具备同时回复 20 个顾客的能力，将每个顾客的等待时间控制在 1 分钟之内。

第二，清楚淘宝、天猫的购物流程，熟悉后台操作，清楚规则，反应敏捷。

第三，普通话标准，具有热情、耐心、细心、极强责任心的服务态度。

第四，对网店上架商品的外观、价格、使用安装方法和简单的维修方法了如指掌。

第五，熟练使用快捷短语。

第六，掌握沟通技巧，主动了解顾客需求。

第七，熟练使用 Word/Excel 和千牛 / 店小蜜等办公软件和客服聊天软件。

第八，守信重诺，顾全大局，具有强烈的团队意识。

1.2 客服对成交量的影响

网店客服作为直接与顾客进行交流的第一线窗口，在提高店铺成交量上发挥着不可替代的作用。甚至可以毫不夸张地说，一个好的客服团队在店铺中发挥的作用绝不亚于一个营销推广团队，他们本身就担当着提高成交量的重要责任。

1.2.1 客服态度对成交量的影响

我们常说"态度决定一切"，这条准则在网店客服的工作中同样受用。作为拉近与顾客之间距离的先遣角色，客服的态度代表着店铺的态度，并且对提高店铺成交量起着至关重要的作用。

客服的工作态度决定了他们的工作质量，决定着结果的好坏。客服以积极乐观的心态去接待顾客，为他们的到来表示欢迎与感谢，用心去倾听与回答，这种积极的工作态度带来的是高质量的工作成效。相反，客服若是被自身情绪困扰，以消极烦躁的心态去回答顾客的问题，回答含糊不清、缺乏耐性，这样的消极工作态度不仅会让自己无法完成工作指标，还会在一定程度上得罪顾客，损失客源。

这是一个很简单的道理，客服的态度越好，店铺的成交量就越高。当然，万事无绝对，客服的日常工作中可能会出现很多情况，例如当客服友好地和顾客沟通交流之后，顾客可能会因为其他的原因选择在其他店铺购买，可这并不能称为损失。在销售领域，不能目光短浅地只看重眼前利益，应该更多地放眼于未来，客服工作对客源的积累与维护比起单纯卖出一件商品更具有战略性意义。

微笑服务和消极服务是网店客服工作时的两种服务态度，从长远来看，两种服务态度所带来的成交量和利润是完全不同的。客服的态度直接通过文字传递给了顾客，顾客是有思想的个体，当面对友好、积极的信息时，他们也会回应相同的信息，从而与客服真心交谈，参考客服的意见进行购买，促进店铺成交量的增长。当然，客服的消极态度同样能够传递给顾客，当顾客接收到不友好、消极的信息时，他们会以同样的消极态度拒绝，甚至离开。这样不仅会对店铺成交量产生巨大的影响，还会让顾客对店铺留下负面印象。

1.2.2 客服销售能力对成交量的影响

客服的销售能力是影响成交量的关键因素，顾客是否选择客服所在的店铺，是否听取客服的建议，是否购买客服所推荐的商品，这些都是客服销售能力的直接体现。销售能力越强的客服，他的关联销售（即买家在购买所需要的商品时，被卖家推荐商品的周边搭配吸引，于是产生了购买欲望）就越多，客单价（即每个订单的平均单价，客单价 = 总销售额 / 总订单数）也相对比较高。而销售能力较弱的客服，在这两个方面通常表现得比较差。

客服的销售能力包括很多方面的内容，如图 1-2 所示，但这些都立足于一点——怎样才能让顾客购买商品？我们可以这样来分析，当顾客在购物时遇到了困难，首先会想到咨询客服，而客服解答顾客的疑问是为了消除顾客的顾虑，让其安心地购买商品。同样，客服努力去倾听和理解顾客的需求，提供尽可能多的搭配供顾客选择，也是希望顾客能从中产生购买欲望，从而一次购买更多商品。总之，客服工作的落脚点一定是让顾客购买商品，从而提高成交量。

图1-2　网店客服销售能力

客服的销售能力不是一天练成的，这需要长期的实践经验积累和总结。客服若想在成交量上有所突破，就一定要在销售技巧方面多下一些功夫，通过接待大量的顾客来锻炼自己的销售能力。当然，在后面的章节我们还会更加细致地讲解客服应如何提升销售能力。

1.2.3　客服工作熟练度对成交量的影响

顾客通过网店购买商品，下单、付款这两个环节的时间间隔不会太久。但当顾客下单之后，客服可能需要对订单的价格、邮费等情况进行确认，或者对顾客的一些要求进行备注并与仓库单位进行信息交接。而这一系列的工作都需要在短短十几分钟的时间内完成，如果客服对淘宝后台不熟悉，甚至对如何使用阿里旺旺聊天软件（如图 1-3 所示）都不是很清楚，那么很有可能因为在操作过程中让顾客等待太久而丢失顾客，这对店铺成交量也有巨大的影响。

图1-3　阿里旺旺聊天软件

所以，网店客服一定要对自己的工作非常熟练，尤其是在软件和平台操作上，要尽可能缩短顾客等待的时间。如图1-4所示，淘宝网卖家中心可监控顾客订单记录，随时提供服务。

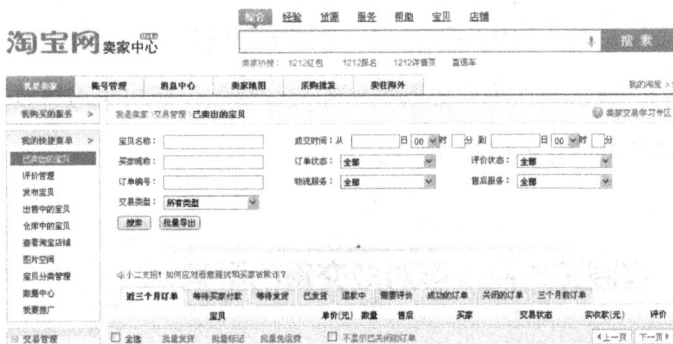

图1-4　淘宝网卖家中心

1.2.4　智能客服机器人的应用对成交量的影响

接下来，我们重点讲解网店客服还需要熟练运用的智能客服机器人——店小蜜。

店小蜜是阿里巴巴针对电商推出的智能客服机器人。如图1-5所示，店小蜜在原淘宝智能机器人的基础上进行了全面升级，紧密结合天猫、淘宝、飞猪及 1688 商家的诉求，帮助商家实现全天候、高质量的智能接待。

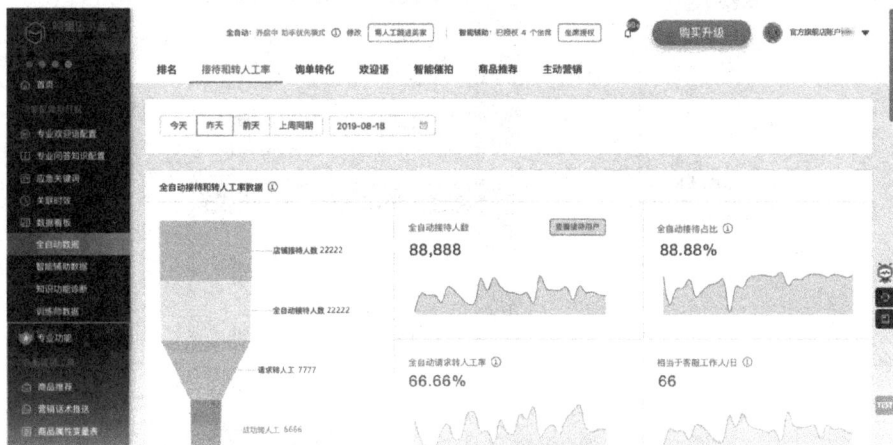

图1-5　店小蜜操作界面

对于人工客服招聘、培训、管理成本高的问题，店小蜜能做到永不离职，回复品质管理可控。

对于流量高峰期间人工客服忙不过来，夜间无人值守的问题，店小蜜能做到以一对万，永不爆线，留住顾客，无须挂机，24 小时接待，永不下班，店小蜜工作模式如图 1-6 所示。

对于人工客服每天回复大量重复咨询的问题，店小蜜能做到重复咨询智能回复，个性问题转人工客服，提升人工客服价值，使顾客不失体验，商家不失询单，节省人力，店小蜜主要功能如图 1-7 所示。

店小蜜有两种模式，可同时启用或二选一，共享一个知识库。

全自动模式：独立虚拟账号接待，降低店铺 60% 以上的人力投入。

智能辅助模式：辅助客服接待，帮助客服提效 30%-50%。辅助方式一：代替人工客服自动回复，买家端仍显示人工客服账号回复。辅助方式二：提供推荐回复话术，供人工客服选择发送。

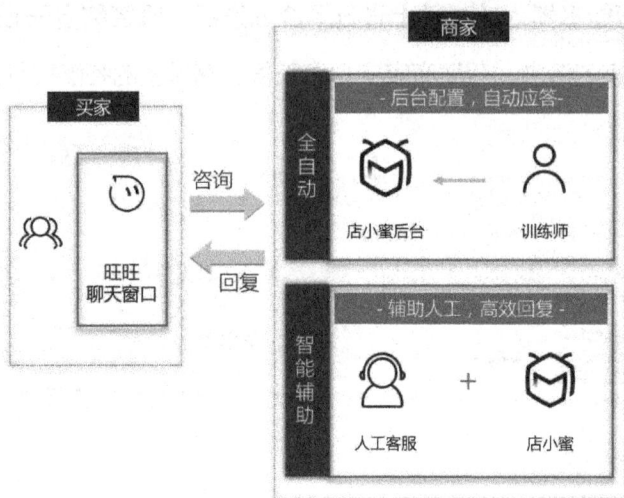

图1-6　店小蜜工作模式

图1-7 店小蜜主要功能

店小蜜知识库是拥有"机器大脑 + 人脑"的智能知识库，如图 1-8 所示。

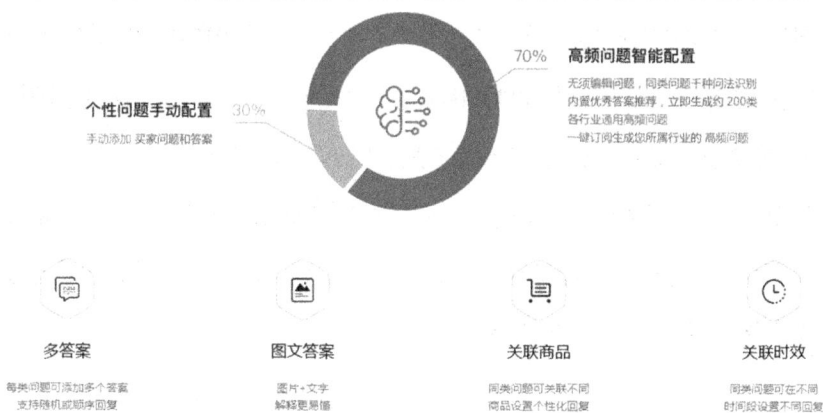

图1-8 店小蜜知识库

店小蜜拥有完备的售前、售中和售后服务能力。

第一，售前动态回复参数。自动识别链接商品；无链接时自动读取咨询来源商品页商品；自动抓取商品参数值，动态回复参数。店小蜜售前动态回复参数如图 1-9 所示。

第二，售前智能推荐尺码。可关联商品批量配置尺码表，根据尺码表填写的维度自动获取买家数据，智能推荐尺码；当主尺码表填写的维度数据无法获取时，可根据辅助尺码表进行推荐。店小蜜售前智能推荐尺码如图 1-10 所示。

图1-9　店小蜜售前动态回复参数

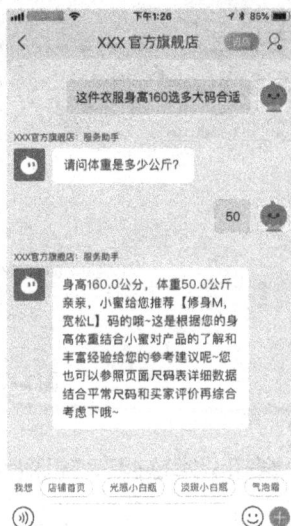

图1-10　店小蜜售前智能推荐尺码

第三，售前主动营销。主动推送优惠券；主动推送商品卖点；特定场景触发搭配推荐，支持系统智能搭配或人工设置搭配。店小蜜售前主动营销如图1-11所示。

第四，售前智能意图导购。识别买家求购意图，利用大数据判断买家喜好，智能推荐商品；问询商品无货时，智能推荐同类型商品。店小蜜售前智能意图导购如图1-12所示。

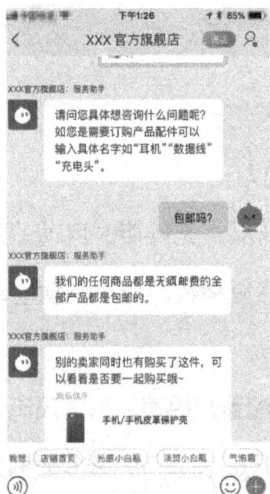

图1-11　店小蜜售前主动营销

图1-12　店小蜜售前智能意图导购

第五，售前活动智能学习。商家自助配置活动，系统自动对接优惠券、店铺宝等淘宝活动数据；店小蜜会智能判断买家咨询的是哪一类活动及问题；智能阅读理解活动规则描述，自动回复买家提问；支持在合适的时机主动推送活动优惠。店小蜜售前活动智能学习页面如图1-13所示。

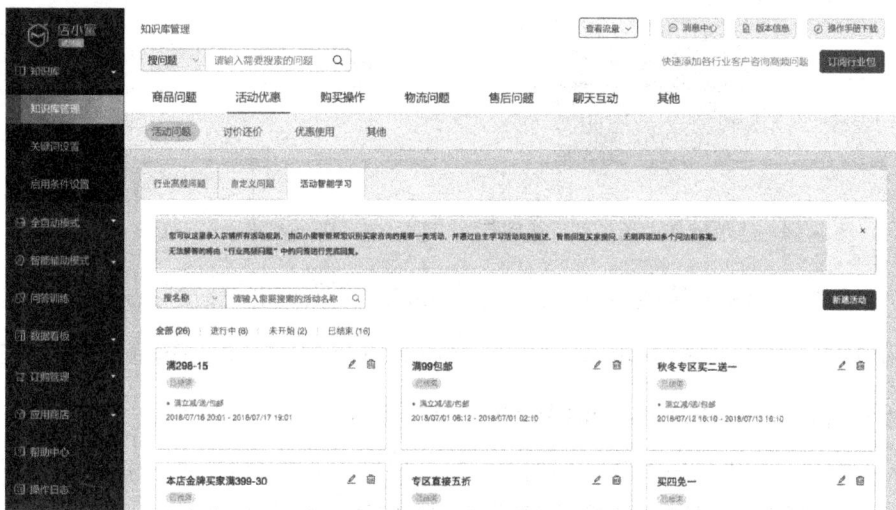

图1-13　店小蜜售前活动智能学习页面

第六，售中后关联订单回复。支持区分不同的订单状态并设置回复，支持实时下载各种状态下咨询买家的名单并进行跟踪服务；催发货支持自定义超时判断条件，自动判断买家咨询时是否已超时，区分回复方案；可自动抓取订单的物流信息，动态回复物流详情。店小蜜售中后关联订单回复如图1-14所示。

第七，售中后一站式退换货。退换货咨询支持自定义添加直连操作入口按钮，店小蜜售中后一站式退换货如图1-15所示。

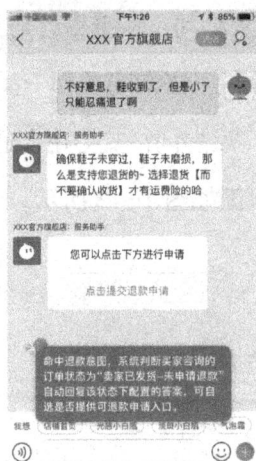

图1-14 店小蜜售中后关联订单回复　　图1-15 店小蜜售中后一站式退换货

第八，售中后修改地址。买家主动要求修改收货地址，可在应用商店订阅应用，通过 ERP（Enterprise Resource Planning，企业资源计划）系统实现买家自助修改地址。店小蜜售中后修改地址如图 1-16 所示。

同时，店小蜜还具备管理功能，可以提供强大的诊断分析数据，供数据化运营管理使用等。

网店客服需要从以下几个方面思考如何利用好店小蜜智能客服机器人。

第一，店小蜜基础配置要从哪里下手？店小蜜配置方案如图 1-17 所示。

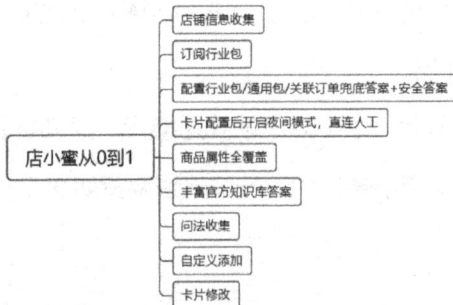

图1-16 店小蜜售中后修改地址　　　　图1-17 店小蜜配置方案

第二，怎么才能降低转人工率？

从图 1-18 可以看出，降低转人工率主要需要命中知识库，命中知识库最直接的方法就是补充知识库问法，具体包括提炼问法、测试问法、问法归类、添加到自定义、设置答案及测试等。

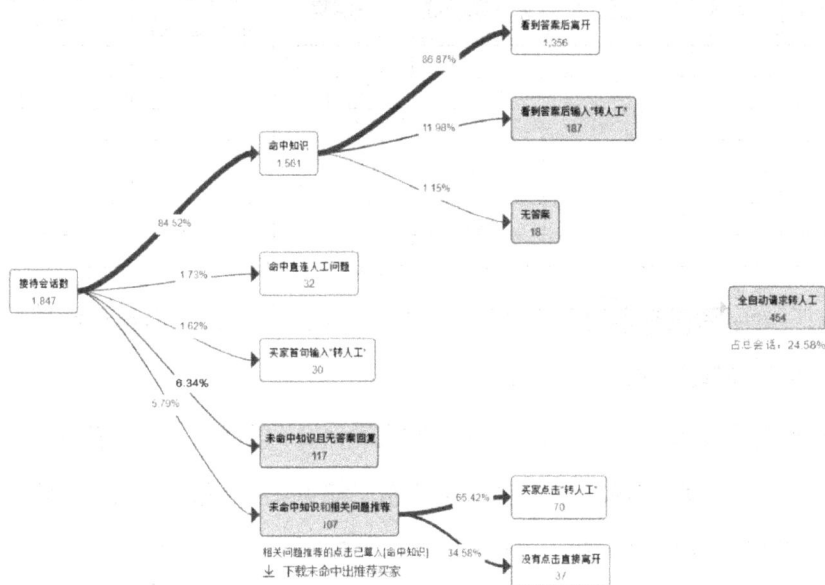

图1-18 店小蜜降低转人工率方案

对于未命中的问题，可以通过全自动数据看板收集统计，方法为全自动数据—接待转人工数据—未命中知识的问题—下载全部买家—收集数据。

数据收集完毕，再次整理，以补充知识库问法。

如表 1-1 所示，问法可先用表格收集归类，暂时无法加入知识库的问法，可备注待定。

表 1-1 问法收集表

质检日期	旺旺ID	是否转入人工	问题类型	客户意图	客户问法	备注
9月5日	×××	是	未识别问法	咨询桌子是否圆的	桌子不是圆形的？	已添加自定义

续表

质检日期	旺旺ID	是否转入人工	问题类型	客户意图	客户问法	备注
9月5日	×××	是	未识别问法	咨询串珠距离	你好，串珠孔距多少？	已添加自定义
9月5日	×××	是	未识别问法	咨询没有软尺怎么测	没有软尺	已添加自定义
9月5日	×××	是	未识别问法	不明确	前年买的潘多拉手链	不明确意图待定

对于命中后无答案的问法，具体解决方案如下：下载"全自动数据"名单—命中后无答案的知识—下载名单。

分析无答案类型：（1）未配置答案转人工；（2）重复咨询场景转人工。

具体步骤：配置无答案知识库的店小蜜可解决未配置答案转人工问题；重复咨询问题可配置多轮回复，优化答案。命中后无答案的问法如图1-19所示。

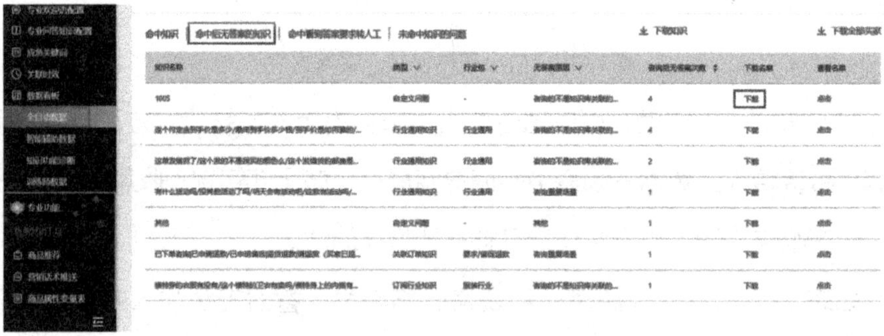

图1-19 命中后无答案的问法

第三，店小蜜回复错误，影响顾客体验怎么办？

店小蜜答非所问的原因主要是自定义知识库和官方知识库不全面、答案或问题不全面，网店客服需准备质检表，如表1-2所示，进一步优化店小蜜回复的答案。

表 1-2 质检表

质检日期	旺旺ID	问题类型	顾客咨询问题类别	顾客问法记录（原始问法）	店小蜜回复答案	优化方式（训练师填写）
2019/10/16	—	答非所问	商品问题	这个预售怎么预定啊	能提供亲想咨询的宝贝链接吗	
2019/10/16	—	答非所问	购买操作	定金怎么付啊	亲爱的，下面链接内商品是参与"双十一"预售活动的哦	
2019/10/16	—	答非所问	其他问题	预售什么时候开始	亲爱的，本次活动的时间为2019.10.14—10.16哦，遇到喜欢的商品快快拍下哦，不要错过了呢	
2019/10/16	—	答非所问	其他问题	他说与订单金额不符	亲，我们都是100%实物拍摄的，由于显示器不同和拍摄光线、环境因素，有少许色差是客观存在的，轻微色差完全不影响正常穿着和美观	
2019/10/16	—	答非所问	商品问题	你好，什么时候开始预售	亲爱的，我们是【不定时补货】呢，建议亲喜欢的话可以先收藏，也可以看下其他现有的款式有没有喜欢的哦	
2019/10/16	—	答非所问	商品问题	什么时候预售	亲爱的，我们是【不定时补货】呢，建议亲喜欢的话可以先收藏，也可以看下其他现有的款式有没有喜欢的哦	
2019/10/16	—	答非所问	商品问题	袜子	亲，我们的鞋型【偏窄】建议平时运动鞋码数选大半码会更舒适。如您脚型偏宽或脚背偏高，建议考虑选择大一码的	

如果确实是店小蜜无法解决的问题，根据店铺情况，应开启可勾选人工直连。人工直连是指命中买家咨询后，直接转为人工接待（24 个场景），如表 1-3 所示。

表 1-3　人工接待的 24 个场景

类型	意图
补发/重发	买家要求补发，或索要重发/补发的物流信息
我要换货	提出想要换货，或询问怎么换
疑问表情	买家发送疑问的旺旺表情
我要投诉	买家表示要投诉
修改收货信息	买家要求修改地址或联系电话
物流异常	买家反馈丢件，迟迟未收到货，或未收到货但物流信息显示已签收
生气表情	买家发送生气的旺旺表情
退差价	买家询问是否可以退差价，如何退差价
发送视频	买家发送了一个视频
发票缺乏	反馈发票没收到
退货退款	提出想要退货退款，或咨询退货流程
安装费用	小家电行业包安装如何收费
赠品缺失	买家反馈赠品缺失
修改订单属性	买家要求修改订单属性，如颜色、大小等
退款进度	询问什么时候能完成退款
表达否定	买家发送"不是的""没啊""都不行"等
开发票	询问能否开发票，能否补开发票，什么时候开发票
质量问题	收到货反馈有质量问题，如坏了/破损/描述不符/漏了/空包
发送图片	买家发送了一张图片
发错地址	买家反馈地址发错
发票内容	询问发票内容，或提出要填写的发票内容
召回快递	买家要求召回快递
反馈少件	反馈收到的货物有少件
订单备注	询问订单如何备注，修改备注或请商家帮助备注

　　如果没有转接人工，买家的问题在店小蜜这里一直得不到解决，就会影响顾客的购物体验，导致订单流失甚至差评。所以要进行合理的转人工引导，即使会牺牲店小蜜的部分数据，但不会影响店铺的转化数据，也不会影响顾客的购物体验。

　　另外，网店客服还应了解如何对店小蜜进行日常维护，如爆款商品提升转化、数据沉淀维护、活动维护等。活动维护包括活动分析、活动模板制作、欢迎语卡片、知识库场景更新等。

1.3 了解顾客心理学

为什么顾客会对你的商品产生兴趣？为什么顾客会最终相信你这位陌生人？为什么顾客会改变初衷而被你说服？为什么顾客会最终做出购买商品的决定？为什么顾客会改变主意选择其他商品？……知人难，知人心更难。对于网店客服而言，知顾客可以说是"千难万难"。纵观那些成功的网店客服，他们必定是懂得顾客心理的人。那些业绩辉煌的网店客服，也必定是能在极短时间内准确把握顾客心理的人。因此，让我们一起来学学顾客心理学。

⟳ 1.3.1 读懂顾客的心理需求

如果你想钓到鱼，就得像鱼儿那样思考，而不是像渔夫那样思考。换句话说：要想把东西卖给你的顾客，你就必须知道顾客在想什么。

1.3.1.1 摸清顾客的需求心理

一个专业的客服，想提高自己的销售业绩，就必须学会站在顾客的角度思考问题。但是，很可惜，现在有很多客服不知道这一点，他们往往喜欢站在自己的立场思考问题，而不能像一个普通的顾客那样思考问题。实际上，顾客在成交的过程中会产生一系列复杂、微妙的心理活动，包括对商品成交的数量、价格等问题的一些想法，以及如何成交、如何付款、订立什么样的支付条件等。顾客的心理对成交的数量甚至交易的成败都有至关重要的影响，因此，优秀的客服都懂得高度重视顾客的心理。顾客的购买行为是一个动态的、交互式的过程，并不是一成不变的，而且其购买决策的有效性会随着顾客消费心理的变化而变化。客服要针对不同的顾客需求采取适当的应对措施，更好地说服顾客，并激发顾客的潜在购买欲望。

作为一名客服，一定要了解顾客在想什么。好的客服在与顾客初步交谈之后，就能判断出顾客处于哪个心理阶段，知道顾客到底会不会购买该商品，如果买，可能在什么时候买，客服要依据顾客所处心理阶段的不同而做出相应的反应。如果对顾客所处心理阶段把握失控，客服很可能会在这一环节出现一些不恰当的行为，那么下一环节的活动就很难进行。作为客服，关键是要把握在什么阶段、什么样的情况下采取什么样的方式和行为。对此，客服一定要心中有数。只有对顾客的消费心理把握到位，才能促使销售行为按照自己的设置顺利完成。由于顾客的购买行为是受一定的购买动机或者多种购买动机支配的，所以研究这些购买动机就是研究购买行为产生的原因。掌握了购买动机，就好比掌握了扩大销售的钥匙。

归纳起来，顾客的消费心理主要有以下 11 种。

（1）求实心理。这是顾客普遍存在的心理动机。他们购物时，首先要求商品必须具备实际的使用价值，讲究实用。有这种心理的顾客，在选购商品时特别重视商品的质量和效用，追求朴实大方、经久耐用，而不过分强调外形的新颖、美观、色调、线条及商品的"个性"特点。

（2）求美心理。爱美之心，人皆有之。有求美心理的人，喜欢追求商品的欣赏价值和艺术价值，以中青年人士和文艺界人士居多，在经济发达地区的顾客中也较为普遍。他们在挑选商品时，特别注重商品本身的造型美、色彩美，注重商品对人体的美化作用、对环境的装饰作用，以便达到艺术欣赏和精神享受的目的。

（3）求新心理。有的顾客购买商品注重"时髦"和"奇特"，好赶"潮流"。这种顾客在经济条件较好的城市年轻男女中较为多见。

（4）求利心理。这是一种"少花钱、多办事"的心理动机，其核心是"廉价"。有求利心理的顾客，在选购商品时往往要对同类商品的价格差异进行仔细的比较，还喜欢选购打折处理的商品。具有这种心理动机的人以经济收入较低者为多，当然也有经济收入较高而勤俭节约的人。他们精打细算，希望尽量少花钱。有些希望从所购买商品中得到较多利益的顾客，对商品的花色、质量很满意，对商品爱不释手，但由于价格较贵，一时做不出购买的决定，便会讨价还价。

（5）求名心理。这是一种以显示自己的地位和威望为主要目的的购买心理。有求名心理的顾客多选购名牌，以此来"炫耀自己"。

（6）仿效心理。这是一种从众式的购买心理，其核心是"不落后"或"胜过他人"。有仿效心理的顾客对社会风气和周围的环境非常敏感，总想跟着"潮流"走。他们购买某种商品往往不是由于急切的需要，而是为了赶上他人、超过他人，借以求得心理上的满足。

（7）偏好心理。这是一种以满足个人特殊爱好为目的的购买心理。有偏好心理的人，喜欢购买某一类型的商品。例如，有的人爱养花，有的人爱集邮，有的人爱摄影，有的人爱字画，等等。这种偏好性往往同某种专业、知识、生活情趣等有关。因而有偏好心理的顾客往往比较理智，其指向性也比较明确，具有经常性和持续性的特点。

（8）自尊心理。有这种心理的顾客，购物时既追求商品的使用价值，又追求精神方面的高雅。他们在购买之前，就希望受到客服的欢迎和热情友好的接待。

（9）疑虑心理。这是一种瞻前顾后的购买心理，其核心是怕"上当吃亏"。有疑虑心理的顾客在购物的过程中，对商品的质量、性能、功效持怀疑态度，怕不好使用或上当受骗。因此，他们反复向客服询问，仔细地检查商品，并非常关心售后服务工作，直到心中的疑虑解除后才肯掏钱购买。

（10）安全心理。有这种心理的顾客对欲购买商品的要求是必须确保安全，尤其是食品、药品、洗涤用品、卫生用品、电器用品和交通工具等，不能出任何问题。因此，他们非常重视食品的保鲜期，药品有无副作用，洗涤用品有无化学反应，电器用品有无漏电现象等。在客服解说、保证后，他们才会放心地购买。

（11）隐秘心理。有这种心理的顾客在购物时不愿为他人所知，常常是"秘密行动"。他们一旦选中某件商品，得到私密发货、送货的承诺时，便会迅速成交。

1.3.1.2　顾客最关心的是自己

顾客永远是为了自己的需求才会选择购买商品，顾客最关心的永远是自己。如果想吸引顾客合作，就必须先考虑这个顾客的私人需求是什么。满足了顾客的需求，再加上客服的详细介绍，几乎就能促使顾客下单了。所以，精明的销售人员都知道，做交易的时候，首先考虑的不是赚钱，而是打动人心。

"服务顾客至上，追求利润次之"，打动顾客的心，照顾好自己的顾客，顾客才会关照网店的生意，店铺才会获得更大的市场。

这些话归纳为一种经营理念就是"顾客第一"。对于客服来说，只有把顾客放在第一位，顾客才会买账，客服才能提高销售业绩。

从心理学的角度来讲，人们做任何事都是为了满足其各种各样的心理需求，当心理需求得不到满足的时候，其内心就会处于"饥渴"的状态，迫切地希望能够通过各种途径得以弥补。

人的欲望是无限的，这些欲望包括物质方面的和精神方面的，而且二者是并存的。在物质需求得到满足的同时，人们更希望得到心理需求的满足，渴望被人重视。这是一种很普遍的、人人都有的心理需求，顾客也不例外。因此这种心理需求正好给客服推销自己的商品带来了一个很好的突破口。渴望获得重视的心理包含两个方面：一方面是希望得到别人的认可和赞美，使自己获得优越感；另一方面是不愿意被人轻视，希望自己显得与众不同，以吸引别人注意。

与渴望得到重视相对的，是害怕被人轻视。客服通过反面刺激，也能达到欲扬先抑的效果。所以客服有时会适时地、适度地说一些反面的话来刺激顾客的自尊心，激发他的自重感，这样他可能会一狠心买下更贵的商品，以显示自己是不容小视的。

聪明的客服在面对这样的顾客时，往往会故意先向他推荐档次较低的商品："先生，这款商品是最便宜的一款，很实惠。"结果顾客渴望被重视的心理需求没有得到满足，他反而会购买中高档的款式，以得到客服的重视。这时候客服再加上几句"您真有眼光""这款最适合您不过了"等赞美的话，顾客会更加高兴地付款，而且可能下回还来该店铺购买商品。

顾客有时提出各种挑剔的问题，并不是不想购买商品，而是为了满足自己最重要的想法。客服必须要对推销的商品有一个非常清醒的认识，要知道商品没有十全十美的，所以顾客总能够挑出毛病。在他们看来，客服应该满足他们的一切要求。如果顾客的要求合情合理，客服当然应该照做，但如果对方的要求有不合理之处，就需要你使用一些推销的技巧来应对了。当客服面对这样的顾客时，不妨试试以下技巧。

（1）认真听完顾客的要求再回答问题。当顾客提出要求时，客服必须认真地听他说，哪怕顾客说到一半的时候，你就知道不可能按照他的意思做，你也得用心听完。只有这样，顾客才能感受到被尊重。即使客服下一步是委婉地拒绝，顾客也不会觉得客服是在敷衍他，而是认为客服确实不能做出让步。

（2）即使否定顾客，客服的态度也要谦虚。作为客服，要时刻记住尊重顾客，要用谦虚和礼貌的态度让顾客觉得这个店铺的客服不但是推销商品的专家，而且还是一个有修养的人，这样顾客才能产生进一步沟通的想法，也就比较容易接受客服提出的意见了。

1.3.1.3　顾客对客服的警戒心理

世界汽车推销专家乔·吉拉德曾经说过这样一段话："要想到顾客购买汽车的钱是他们辛辛苦苦挣来的，他们大多是不富裕的工薪阶层，他们很多人把买车看成一生最大的一笔投资，他们希望自己的钱花得值，他们希望自己的购买行为被别人看作明智的选择。"所以，顾客会害怕客服欺骗他们，而且很多行骗的故事更加深了顾客对推销人员的不信任感。所以，首先获取顾客信任，消除他的顾虑和担忧是非常重要的。

当想说服对方时，如果对方的态度变得慎重，表示他产生了警戒心。遭遇对方警戒心的阻碍，这种情形在初次交易时是无可避免的。但是，熟人之间有时也会有这种表现。当顾客发现客服怀有某种目的时，他自然而然会产生警戒心。此时，客服正和一位"戴着面具"的人说话，对方戴着面具，客服无法看清他的表情，不知他态度如何，所以就无法采取良好的应对方法。但是，如果因为对方戴着面具而放弃了进一步销售的念头，那便是不战而败。对方持有警戒心时，虽然不利于说服，但若未察觉对方的警戒心而继续说服，那就变成了自娱自乐。因此，在进行说服之前，客服必须仔细观察顾客的言行举止，判断顾客是否有警戒心。

一般来说，持有警戒心的人不喜欢表露自己的心事，所以打招呼或说话的态度都是冷冰冰的。有时候，他们的态度会显得直截了当，言语索然无味，给人敷衍了事的感觉。如果谈话一直很顺利、很投机，可是顾客突然改变态度，语气严肃地答道："我知道，我知道，我再仔细斟酌一下。"没有得到期待的答复，这就是对方在谈话的中途将"面具"戴上的结果。

神经质的人的警戒心也很强，为了掩饰自己的警戒心，其言语便会变得模棱两可。他在说话时，常常在一句完整的话中加入一些语意不明的词句，如"话虽如此""无论如何他还是……""虽然……但是……"等，使人无法了解他的真正意思是什么。如果顾客经常用这类词句，而且一再重复，慎重选择每一个字句，回复速度变慢，这就表示他的警戒心已到达极点。

另外有一种更令人困扰的情形就是，顾客几乎不发表意见，无论你说什么，他只是回答："是的，你说得有道理。"这表示他正在寻找你的漏洞或你所设置的"陷阱"。

为了突破"心理障碍壁"，以便顺利进行说服，客服必须深入顾客的深层心理，让顾客对你产生好感，这才是最重要的。客服在实践工作当中需要注意的是，无论顾客有什么样的情绪，都要注意去营造缓和的沟通气氛，千万不要让顾客在愤怒中结束谈话。

1.3.1.4 顾客的从众心理

"从众"是一种比较普遍的社会心理和行为现象，也就是人们常说的"人云亦云""随波逐流"。大家都这么认为，我也就这么认为；大家都这么做，我也就跟着这么做。从众心理在消费过程中，也是十分常见的。因为好多人都喜欢凑热闹，当看到别人成群结队、争先恐后地抢购某商品的时候，他们也会毫不犹豫地加入抢购大军中去。

不管是在生活中还是在商业活动中，许多人都有这种从众心理。这种心理当然也给客服推销自己的商品带来了便利。客服可以吸引顾客的围观，制造热闹的行情，以引来更多顾客的参与，从而制造更多的购买机会。例如，客服经常会对顾客说："很多人都买了这一款，反响很不错。很多像您这样年纪的人都在使用我们的商品。"这样的言辞就巧妙地利用了顾客的从众心理，使顾客在心理上得到一种依靠和安全保障。

即使客服不说，有的顾客也会在客服介绍商品时主动问道："都有谁买了你们的商品？"意思就是说，如果有很多人用，我就考虑考虑。这也是从众心理的一种表现。利用顾客的从众心理又称为"推销的排队技巧"。比如，某商场的入口处排了一条很长的队伍，从商场经过的人就很容易加入排队的队伍中。因为人们看到此类场景时，第一个念头就是：那么多人围着一种商品，一定有利可图，所以我不能错失机会。这样一来，排队的人就会越来越多。但事实上，这些人中真正有明确购买意图的没有几个，人们不过是在相互影响，认为其他要购买的人总比商家可信。客服在进行销售时应该利用顾客的从众心理来营造营销氛围，影响人群中的敏感者接受商品，从而达到让整个人群都接受商品的目的。

实际上，顾客在消费过程中的从众心理有很多种表现形式，而威望效应就是其中一种。例如，现在很多公司、商家的商品都会花高价请有威望、有名气的人物代言、做广告，以引起顾客的注意和购买。一般来说，当一个人没有主张或者判断力不强的时候，就会依附于别人的意见，特别是一些有威望、比较权威的人物的意见。

从心理学角度讲，顾客之间的相互影响作用要远远大于客服的说服力。因为在生活中，人们更容易信赖身边的人，而不是那些总想着掏光自己口袋的人。从众心理的优势也正在于此！但是，对那些个性较强、喜欢自我表现的顾客，则不太适宜用此招数。因为对他们用这招非但不能达到目的，甚至还会起到一定的反作用，以致失去这个顾客。

1.3.2 网购顾客的界定与分类

客服在与顾客沟通的时候，要注意区分顾客的信息和类型，方便我们更准确地进行顾客定位。

1.3.2.1 顾客的界定

在电子商务高速发展的今天，承担着专业聊天功能的阿里旺旺成为客服与顾客交流的平台，客服每天从这里接收到数以万计的信息，可这些信息并不是全都来自有购买欲望的顾客，当中有不少小广告、推销信息，所以客服必须弄清楚最基本的问题——谁是你的顾客?

所有接收店铺商品或服务信息的组织和个人,我们称之为顾客。客服在接待顾客的时候一定要注意把握对方的购买欲望和咨询目的,所以一定要注意筛选有效的顾客咨询,对小广告、推销信息等可以直接屏蔽、忽略。

1.3.2.2 顾客的分类

所谓"见人说人话,见鬼说鬼话",这句听起来略显贬义的俗语在销售领域可是相当受用的。客服要善于把握顾客的特点,总结顾客的需求,并且适时地对顾客进行分类,针对不同类型的顾客进行个性化服务,这不仅能够提高工作效率,还能迅速把握顾客的需求,给顾客留下专业的印象。下面是常见顾客的分类,如图 1-20 所示。

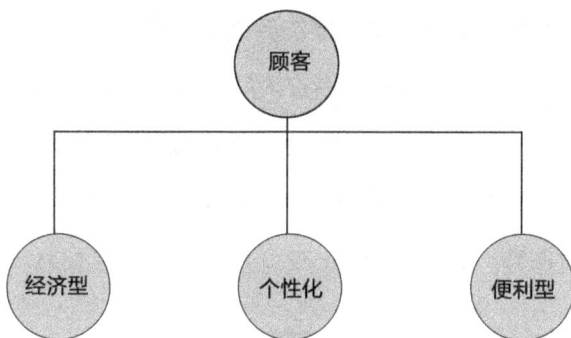

图1-20 顾客的分类

经济型顾客

经济型顾客的特点是尽量少投入时间和金钱,将注意力更多地放在价格上面。经济型顾客在购买商品时会将价格作为自己的首要考虑因素,然后再去考虑商品的美观性、质量等。那么客服如何去区分这类顾客呢?

1. 聊天关键字搜索

当顾客通过阿里旺旺和客服进行沟通的时候,客服要注意顾客反复强调的一些信息,例如优惠、打折、活动、清仓、优惠券等关键词,如图 1-21 所示。注重这类词语的大多是经济型顾客,他们热衷于购买划算的商品,所以当店铺有优惠活动、礼品发送的信息时，客服要善于主动将这些信息传递给经济型顾客。

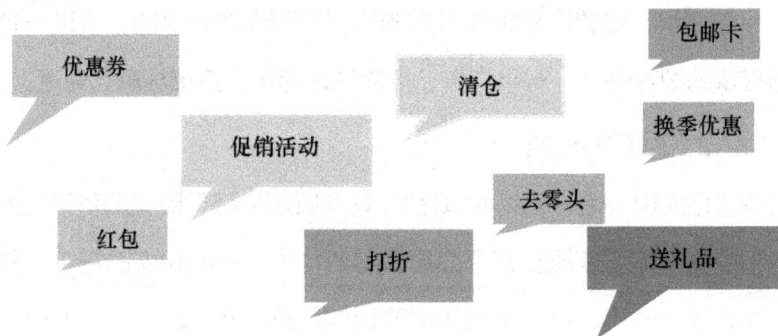

图1-21　聊天关键词

2. 留意购买渠道

很多淘宝卖家为了促进销量，增加店铺点击率，大都会不定时参加淘宝的一些优惠活动。客服可以通过顾客的购买渠道来分析顾客的类型，从而区分出经济型顾客，一旦再遇上优惠活动，就可以第一时间通知他们，利用价格的优势搭配进行销售。淘宝常见的一些优惠渠道有聚划算、天天特价、淘宝试用、淘宝清仓等，如图1-22所示，这些活动针对的就是经济型顾客。

图1-22　淘宝优惠渠道

个性化顾客

个性化顾客有明确的购买意向，很清楚什么商品适合自己，更多追求自身的满足感。个性化顾客的自我意识很强，他们对品牌、款式、质量、价格、售后等都有一定的要求。客服区分这种类型的顾客并不困难，首先要善于观察他们咨询的方式。个性化顾客的聊天关键词并不局限于价格，他们会从多个角度进行选择，有很明确的购买目的。其次客服要将话语权更多地转交给顾客，倾听他们的购买意向，适时地进行推荐和建议，增加和他们的互动。

个性化顾客会重点关注质量、品牌、外观这 3 个方面，如图 1-23 所示。

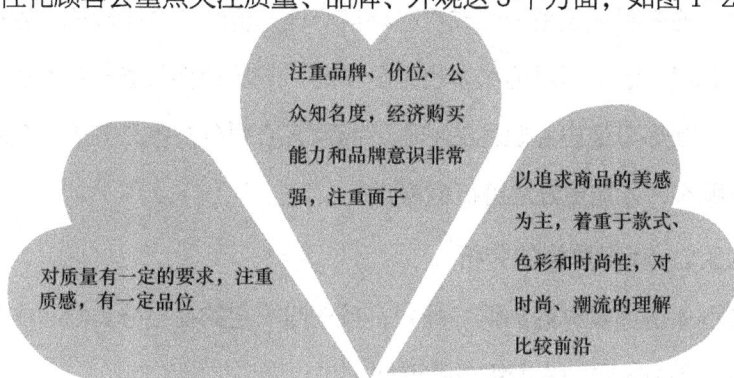

图1-23　个性化顾客的重点关注信息

便利型顾客

便利型顾客大多追求网购的方便性，以快速方便为主要购买目的，注重购买的时间或效率。这类顾客多以男性为主，在购买商品的时候讲究"快"。便利型顾客重点关注的信息如图 1-24 所示。

图1-24　便利型顾客重点关注的信息

客服在遇到便利型顾客时，要迅速掌握便利型顾客所需要的商品特征，将符合便利型顾客需求的商品罗列出来，让其挑选。当便利型顾客犹豫不决时，客服应主动为其提出建议，以店铺的成交量和商品的好评率来肯定所推荐的商品的效果和质量，让顾客对商品树立信心，并一针见血地做出售后服务的承诺，让顾客放心、安心地进行购买，促使商品迅速成交。

1.3.3 网购顾客的心理分析

一位好的客服一定是一位成功的顾客心理分析师。众所周知，客服每天的工作量是很大的，面对的顾客也是多样的，成功的客服善于从大量顾客的购买咨询中提炼总结出经验性的准则，而顾客心理分析就是其中的关键——了解你的顾客，才能更好地进行销售。

1.3.3.1 消费群体的分析

消费群体是指具有商品购买能力，且按照一定的社会分类具有相似性的购买群体，是由大量的人所组成的群体。

女性消费群体

据统计，女性消费群体占整个互联网消费群体的 56% 左右，其庞大的人数、巨大的购买数量让卖家们不得不将其作为关注的重点。女性的消费观念和性格特点深深地影响着她们的消费行为，女性对当前及未来消费市场发展趋势的影响日益凸显，"她时代""她经济""女性消费主义"等词汇也应运而生，下面我们来分析一下女性消费群体固有的购买心理。

1. 女性价值观的改变

随着女性独立意识的增强，女性消费群体的经济能力逐渐增强。尤其是 20～30 岁的年轻女性网上购物的比例很大，她们追求潮流和时尚，对服装的更新换代有独特的触觉，购物的"自我意识"特别强烈，能够独立支配金钱，将其花费在自己喜欢的物件上。

2. 女性天生的购买欲

女性与生俱来的购买欲望，以及对商品的"喜新厌旧"心理成为女性购买欲爆发的导火线。潮流与时尚是不断更新的，并且在广告、电视剧中不断刺激着女性的视觉，使得女性在购买商品时也会紧跟潮流，于是她们就有了源源不断的购买欲望。

3. 追求愉悦感的购物体验

"女人不是在商场，就是在通往商场的路上。"这句话充分说明了女性对逛街购物的热情，而这种购物带来的愉悦感也充分体现在了网络购物中。女性朋友们乐于畅谈购物的喜悦，所以一旦在网上发现了心仪的商品，就会第一时间与朋友分享，甚至会和几个朋友一起购买，形成"团购"。而这种购物体验带给她们的无限欢乐，增加了购物环节的愉悦感。

"单身贵族"消费群体

"单身贵族"是指那些还未恋爱、结婚、生子的白领阶层，他们有的卓然不群，有的朴素平凡，但他们大多热爱生活，且对生活品质要求较高，具有超过一般人的生活能力与生活智慧。他们在购物时具有以下几个特点，如图 1-25 所示。

要求高标准
"单身贵族"消费群体大多高收入、高学历，对商品的品牌、质量有相对严格的要求，在选购商品时注重品牌效应，宁愿多花钱也不愿购买较为劣质的商品，对商品的要求比较苛刻

对精致、稀有商品的追逐
"单身贵族"的独立意识较强，很清楚自己所选择的商品的定位，所以他们在购买商品时偏爱一些做工精致的商品，尤其钟爱"限量版"商品

理性消费
"单身贵族"的消费意识是偏理性的，他们对需要购买什么样的商品、需要什么时候购买商品都是非常明确的。他们很少被一些折扣、大减价所迷惑。客服与这类顾客接触需要熟练地掌握商品的相关知识，并力求表现得体贴、有内涵

图1-25 "单身贵族"消费群体

年轻工薪消费群体

年轻工薪消费群体是指年龄为 20 ～ 26 岁的工作不久的消费人群，他们的经济实力、购买能力有限，但又努力追求新颖和时髦。年轻工薪消费群体占网购人群的比例很大，由于年龄较小，他们更愿意购买划算好看的新潮商品，在购物消费时有一定的盲目性，很容易受他人影响，大多具有从众心理。他们在购物时具有以下几个特点，如图 1-26 所示。

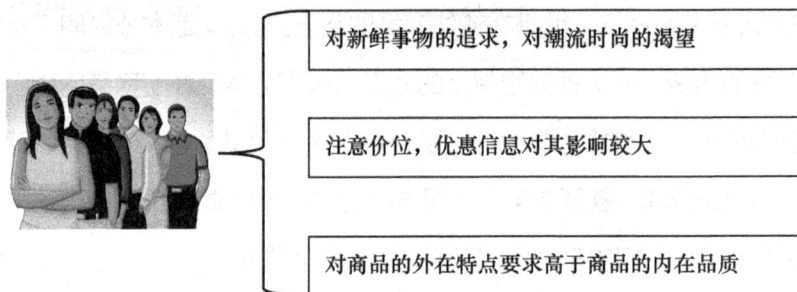

对新鲜事物的追求，对潮流时尚的渴望

注意价位，优惠信息对其影响较大

对商品的外在特点要求高于商品的内在品质

图1-26　年轻工薪消费群体

老年消费群体

老年消费群体是一个特殊的消费群体。在电子商务发展的初期阶段，老年消费群体的比例并不高，但随着网络与电子商务的不断发展，老年人网购的能力大大超过初期，他们也开始像年轻人一样通过互联网进行购物。他们的购物消费有以下几个特点，如图 1-27 所示。

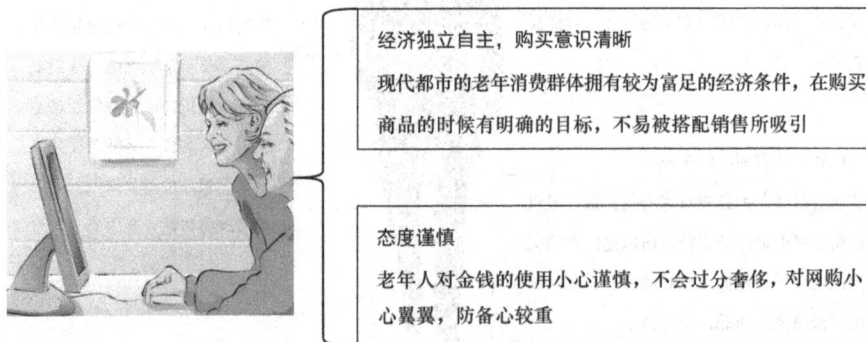

经济独立自主，购买意识清晰
现代都市的老年消费群体拥有较为富足的经济条件，在购买商品的时候有明确的目标，不易被搭配销售所吸引

态度谨慎
老年人对金钱的使用小心谨慎，不会过分奢侈，对网购小心翼翼，防备心较重

图1-27　老年消费群体

1.3.3.2   10 类典型顾客类型分析及客服应对技巧

客服每天接待的顾客不计其数，遇到的顾客类型也纷繁复杂，那么遇到不同类型的顾客应该说什么样的话呢？怎样才能迅速把握顾客的类型和特点呢？下面我们总结了 10 类典型顾客类型，详细分析了他们各自的特点，并针对他们的特点总结出客服应对的技巧，如表 1-4 所示。

表 1-4   10 类典型顾客类型及客服应对技巧

顾客类型	顾客特点	顾客心理
沉默型	沉默型顾客寡言少语，态度礼貌谦让，对客服推荐与展示的商品不做过多评价	1. "拙言"。交谈对于这类顾客是非常困难的一件事，他们害怕发言，宁愿不说话也不愿说错话 2. 高素质。即便是自己不想说话，也不想打断别人说话的兴致，享受做一名倾听者的感觉
唠叨型	唠叨型顾客有着天然的话语主动权，他们善于交流沟通，语言丰富，有着强大的倾诉欲望，对客服的推销有很强的自我意识	1. 不肯轻易罢休。内心过于寂寞，急需找到人进行倾诉，客服成了最好的倾诉伙伴 2. 中断推销。对客服销售时间的宝贵性浑然不知，不断将客服拉入自己的话题，企图终止对方的销售
和气型	和气型顾客谦谦有礼，非常好沟通。他们出于对客服工作的尊重和感谢，会耐心听取客服的建议，不会尖酸刻薄地拒绝，更不会恶语相向，但他们性格优柔寡断，自我意识薄弱，客服要真正说服他们有一定的难度	1. 对客服的推崇。打心里尊重客服的工作，对他们能进行如此详细的解释表示感谢 2. 较难下定决心。他们内心徘徊犹豫，对于自己真正喜欢的商品没有独立的意识，很容易因为他人的建议犹豫
傲娇型	傲娇型顾客总觉得自己高人一等，认为自己比别人懂得多，还会忍不住去讽刺挖苦他人，对客服的推荐和介绍不屑一顾	1. 内心自卑又自负，不屑于别人的劳动成果 2. 觉得自己选择的都是最好的。面对客服的推荐和建议，他们不屑一顾甚至还会大动肝火，认为客服的推荐和建议是对他选择的怀疑
刁钻型	刁钻型顾客从来不会赞同客服的意见，甚至不断地出言反驳，购买欲望并不强烈	刁钻型顾客的心理是刻薄型的，他们很难认同他人的意见，不断显示出自己的趾高气扬，购买的意愿并不强烈，但因为想要说服别人，所以不断进行纠缠，具有极强的征服欲望

续表

顾客类型	顾客特点	顾客心理
完美主义型	完美主义型顾客事事追求尽善尽美，无论是在对商品的选购上还是对客服的要求上，他们都有自己的一套严格标准	对他人、对自己的要求都十分严格，心理上有以偏概全的倾向，观察能力也很强，一旦对一些细节不满意就会十分纠结，甚至立即放弃
暴躁型	暴躁型顾客是典型的急性子，解决事情讲究效率和速度，不喜欢拖拖拉拉、含糊不清，一旦遇上不满意的地方就会发脾气	性格较为古怪，典型的以自我为中心，只要觉得自己有道理，就会不顾他人感受地斥责对方，甚至出口伤人，喜怒无常
拒绝型	拒绝型顾客对客服所推荐的商品持有顽固的抵触心理，总认为对方是在欺骗自己，认为只要听信了客服的推荐就会上当受骗	性格较为刻板，想法坚定，对新事物的接受能力很弱，习惯性地选择不相信他人
杀价型	杀价型顾客是指那些明明已经表现出购买欲望，却还挑三拣四，找尽缺点批评商品的顾客	欲擒故纵是他们固有的心理，他们惯于挑出商品的缺陷，为了杀价，会想尽办法找到你所不能提供的商品利益，企图通过让客服降价的方式来"勉强"购买商品
哭穷型	"没有钱""经济拮据"是哭穷型顾客拒绝客服推荐的惯用手法	这类顾客对金钱的管理相当严格，只会购买真的有利于他们的商品，很多时候他们拿经济困难当作理由来拒绝客服的推销

第2章

售前、售中客服工作流程

引言

售前客服是指在顾客购买商品之前，明确商品的定位，为顾客提供商品信息的解答，引导顾客购买商品的客服。售前客服接待人数庞大、工作压力不小，他们的工作都有非常具体的流程，合理的流程保证了工作有条不紊地进行，如图2-1所示。售中客服则要对订单进行确认，跟踪订单，确保商品送到顾客手中。

在这一章中，我们探究售前客服工作流程，深入了解售前客服的工作步骤，分析工作流程中的注意事项，总结工作中的经验，这些都有利于售前客服的快速成长。此外，我们还说明了售中客服如何进行订单处理。

2.1　售前客服沟通的基本心态

作为淘宝售前客服，拥有一个良好的心态很重要，售前客服每天面对的是形形色色的顾客，也会遇到很多意想不到的事情，开心的、无奈的、困惑的，还有气愤的，这些都是售前客服工作中不可避免的内容，但是无论遇到怎样的人或事，售前客服都必须竭尽全力得到顾客的肯定和满意。所以想要成为一名合格、优秀的售前客服，首先要拥有强大的内心和良好的心态。

2.1.1　关心

售前客服要有一颗关爱、温暖他人的心。无论商品的外观、价格多有

售前客服

售前客服首先要对商品有着深入的认识，对商品的材质、大小、尺寸要做到了如指掌，这样才能游刃有余地解决顾客的问题

登录阿里旺旺

迅速进入工作状态，保持良好的心态

等待顾客

检查商品的库存、商品信息的正确性、商品图片的完整性，如有不妥，及时与相关人员联系

接单咨询

欢迎顾客的光临，将店铺的活动信息、客服信息第一时间告知顾客，要表现出自己的热情和诚意

解决顾客的疑惑

了解顾客的体重、身高、腰围等，推荐适当的尺码；
说明商品的材质和保障；
给予顾客适当的建议和推荐；
说明商品使用的注意事项……

介绍店铺的优惠情况；
询问顾客是否需要指定快递公司，说明快递费的收取、商品退换货的规则与流程……

引导顾客购买

引导顾客进行附带消费，适当推荐同类高价商品

请顾客核对订单详情和到货地址、收件人及收件人联系方式

告知顾客发货时间及预计收货时间

引导顾客收藏店铺

巧用收藏有礼品相送等话术引导顾客收藏店铺，并对顾客的收藏表示感谢

维护好与顾客的关系，维护一个老顾客的成本比挖掘一个新顾客的成本小很多

再次感谢顾客的光临，对顾客进行合理分组，注重活动、优惠、新款通知

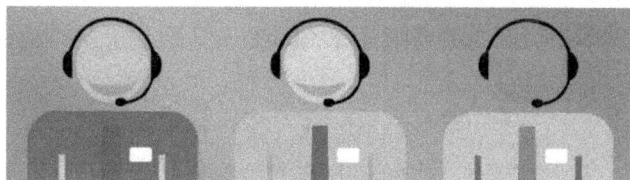

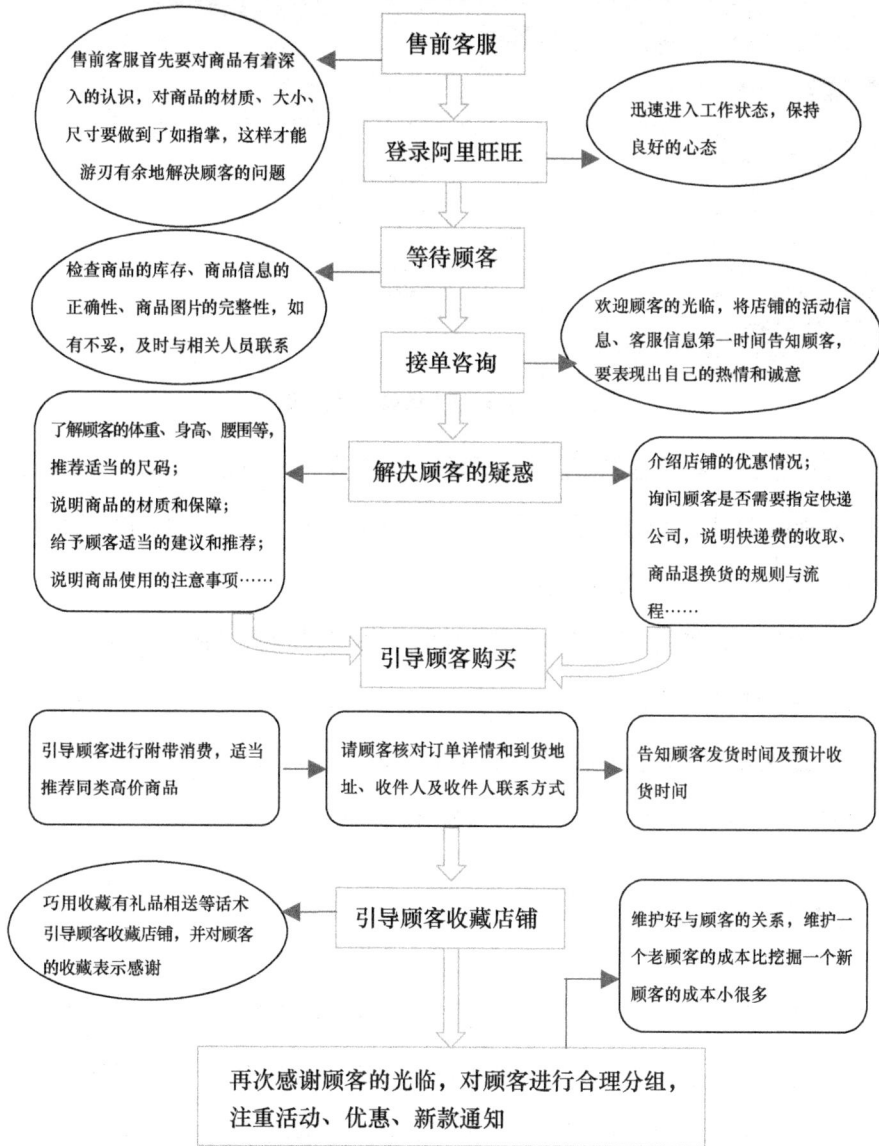

图2-1 售前客服工作流程

吸引力，无论商品的详细页面做得有多细致，许多顾客在网上购买商品时都会习惯性地单击页面中的客服头像（如图2-2所示），与售前客服直接进行交流，向售前客服咨询。

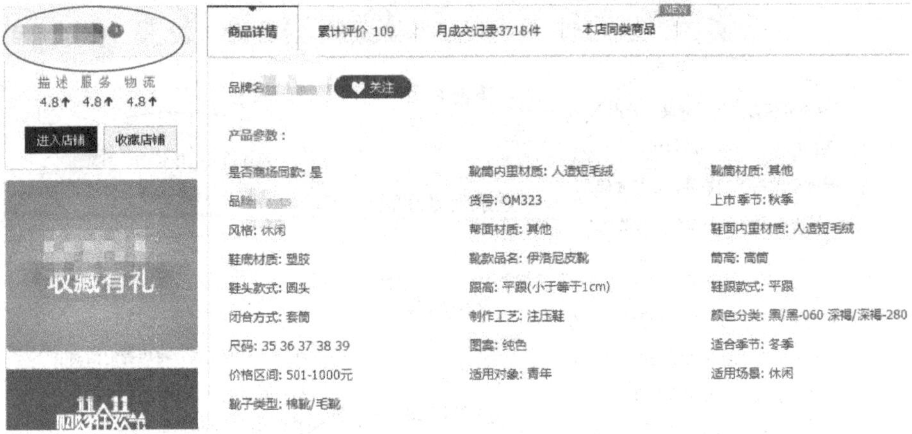

图2-2　顾客单击售前客服头像

售前客服面对顾客的疑问和不解时，首先要去除自私、自我、自大的心态，不能因为自己比顾客更了解商品而显得不可一世，也不能因为顾客的问题简单而不耐烦，甚至讽刺顾客。

一名合格的售前客服首先应该主动关心顾客的难处或需求，主动为顾客提供解决办法或建议，像朋友一样关心、呵护顾客，让顾客感受到温暖与关怀。售前客服一定要以最热忱的话语欢迎每一位顾客，以诚心的关怀温暖每一位顾客，要明确自己的工作是为顾客解决问题的。

2.1.2　热情主动

顾客在购物途中遇到了任何问题，售前客服都有责任主动帮顾客解决问题，不能采用顾客问一句，售前客服答一句的被动形式，而是要对顾客的整个购物流程进行跟踪，发现顾客遇到任何问题及时主动地与顾客联系交流，增强与顾客之间的互动。

主动支援

若顾客在选购商品时感到疑惑，例如不清楚商品的尺码、大小、颜色、材质，售前客服要主动解答顾客的疑惑，促使交易继续进行。

主动反馈

售前客服要第一时间向顾客反馈信息，如果售前客服无法立刻回答顾客咨询的一些问题，在弄清答案后要第一时间为顾客解答，也可为顾客进行转接。当顾客在售前客服的引导下完成购物后，售前客服还可让顾客对他的服务提出宝贵的意见，帮助自己提升工作能力。

2.1.3 目的性

售前客服在与顾客进行交谈的时候，一定要清楚自己是在工作，与顾客的谈话、聊天的目的都是要引导顾客购买商品。售前客服在与顾客沟通时首先要分清轻重缓急，优先解决顾客的疑问再进行推荐销售，不要一开始就为顾客推荐商品而不解决顾客的疑问，这样会让顾客厌烦。其次，售前客服要注意聊天的时间，售前客服的时间是宝贵的，与顾客的每一次谈话都是有目的性的工作行为，有一些顾客乐于找售前客服闲聊，但对购买商品毫无兴趣。售前客服在空闲时可以和这样的顾客聊天沟通，就当是在交朋友，还可以挖掘他们的潜在购买力，但在繁忙时则不可花费太多的时间在他们身上，要去寻找询单转化率更高的顾客。最后，售前客服一定要适时确认对方是否清晰知道你表达的意思，注意使用正确的讲话方式，要善于增强和顾客的信息互动，不能只顾自己解说，忽略了顾客的意见。总之，售前客服一定要有目的地进行工作。

2.2 售前知识储备

售前知识储备是对售前客服最基本的要求，即售前客服要对所销售的商品有着全面而具体的认知，只有售前客服掌握了这些基本的知识，才能给顾客传递正确的信息。

2.2.1 成为商品的专家

专家指的是在某一行业十分专业或对某一事物十分精通，且具有独到见解的人。售前客服要成为商品的专家，要成为商品的"全知者"。

2.2.1.1 商品知识范畴

所谓商品知识范畴，就是指售前客服应该掌握的商品的几大知识板块的分类，如图 2-3 所示，包括型号、功效、材质面料、搭配商品、风格潮流和特性特点 6 个方面。

型号

功效

材质面料

搭配商品

风格潮流

特性特点

图2-3　商品知识范畴

型号

商品的型号是指商品表面用来识别同类商品或同一品牌不同商品的编号。

针对不同的肤质和人群，厂家生产了几类不同型号的化妆水（如图2-4所示），售前客服首先要对这些型号的商品有所了解。

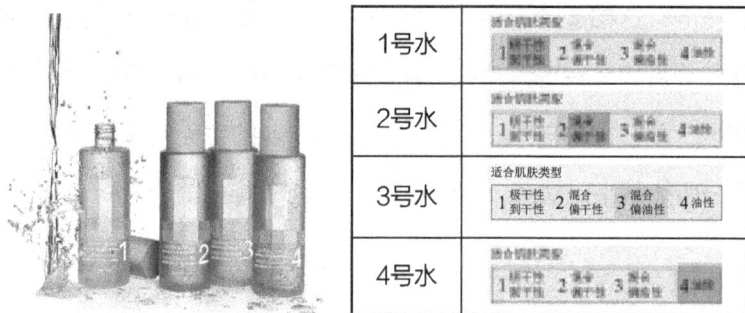

图2-4 商品型号的划分

功效

商品的功效是指商品的使用效果，例如美白、祛斑、减肥、塑身等。商品有单一功效和多功效的区分，功效影响着商品的价值和使用价值，而顾客在购买商品时对商品的功效是十分看重的。

图2-5中黑框所示的内容就代表着商品的功效，售前客服准确地掌握和描述商品的功效，可以为顾客的选购提出指导性意见，也能帮助顾客做出正确的判断。

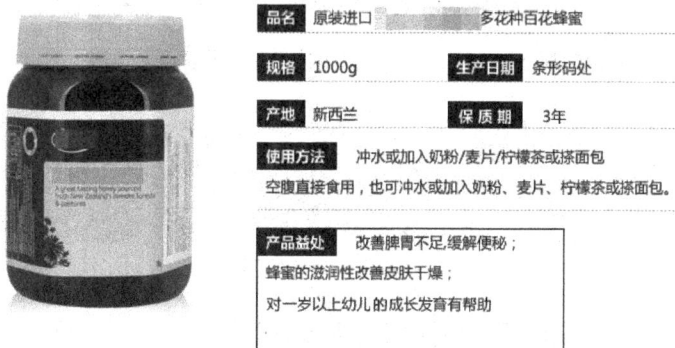

图2-5 商品的功效

材质面料

商品的材质面料是指组成商品的成分、面料、特质等几个方面，这些都属于商品的内在特征，是商品质量的具体体现。

如图2-6所示，该精华乳的成分是否由天然的成分构成，各成分的占比情况是怎样的，这都是顾客关心的问题。顾客购买的化妆品会直接接触人体皮肤，其成分是顾客在选购这些商品时最为关注的内容。售前客服只有掌握了这些知识，顾客才会信赖和依赖你。更为专业的售前客服甚至会主动去了解这些成分所能带来的功效，便于更加专业地为顾客进行解释。

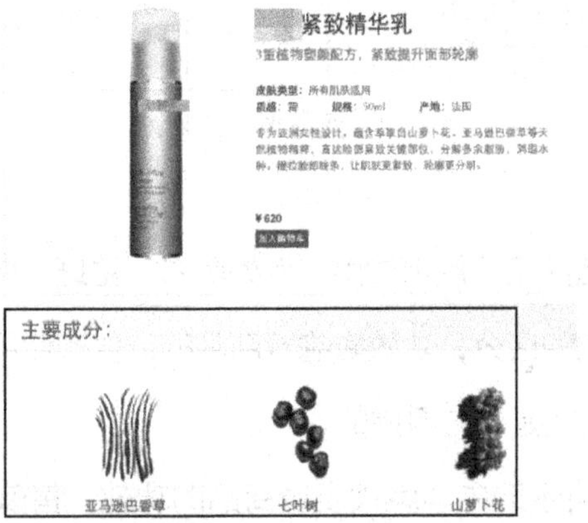

图2-6　商品的成分

如图2-7所示，商品的面料是体现商品特征的主体材料，主要包括棉、麻、丝绸、呢绒、皮革等。这些面料体现了商品的质感和舒适度，售前客服需要掌握这些面料的特点，多角度引导顾客购买商品。

图2-7　商品的面料

商品的特质是指商品自身构造所形成的特色，一般指商品独有的外形、质量、功能等，是商品的吸引力所在。鞋子的防滑防震功能（如图2-8所示）、衣服的防油防水功能、水杯的变色美化功能，这些都是相比于同类商品所具有的特质，这也是顾客购买这类商品的原因，更是售前客服在介绍这类商品时需要重点突出的一部分。

橡胶鞋底材质耐磨耐曲，韧性和自身的弹性在行走中更可以自然分解行走震感，底部的个性纹理可以有效防滑。

图2-8 商品的特质

搭配商品

搭配商品是指售前客服按照商品的色彩、款式、功效、长短等原则，用周边商品去包装、烘托主体商品，让顾客的舒适度、满意度和使用效果达到最佳水平。搭配商品是对售前客服审美能力和对商品熟悉度的综合考验，也是关联销售的必要储备。

色彩在视觉上有极强的吸引力和极大的冲击力，好的色彩搭配可以给顾客"一见钟情"的感觉，而每一种颜色都有它们自己的语言。例如，红色代表热情、勇敢、开朗；黄色代表希望、光明、智慧；白色有很强烈的感召力，它能够表现出如白雪般的纯洁与柔和；粉色则更多地表现出可爱和乖巧。

如图2-9所示，商品的款式搭配也十分吸引顾客。也许一件衣服单看是十分普通的，但经过适当的搭配商品就会焕然一新，从而刺激顾客的购买欲望，让顾客关注所搭配的整套商品，提升售前客服的客单价。

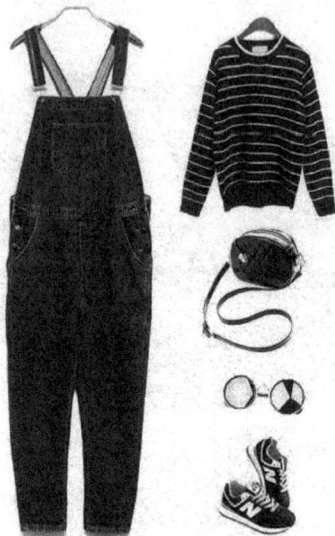

图 2-9　商品的款式搭配

顾客很多时候会倾向于一些固定搭配，以保证商品的最佳使用效果。例如顾客在选择美容护肤品时，会倾向于品牌经典搭配的购买，以确保使用价值得到最大的发挥，如图 2-10 所示。售前客服要熟记商品的固定搭配，以商品的最佳使用效果去说服顾客进行购买。

图2-10　商品的效果搭配

如图 2-11 所示，售前客服在为顾客进行商品搭配的时候，除了考虑商品的美观度和使用效果之外，还应该设身处地考虑商品价格。例如顾客购买了 100 元的衣服，售前客服为顾客搭配商品时推荐了 150 元的围巾，这样的价格搭配就很难让顾客满意。

图2-11　商品价格的搭配

风格潮流

经营与流行时尚相关的网店，紧跟当下时尚潮流的步伐是很有必要的。如图 2-12 所示，我们以服装行业为例，服装的搭配有很多种风格，顾客的风格也是各有差异的，欧美风、韩系女装、嘻哈风、小清新等搭配风格当前十分抢眼。售前客服要善于把握顾客的风格定位，将顾客最心仪的搭配推荐给他（她）。可以说售前客服把握了服装的整体搭配效果，对于顾客的选择有很好的借鉴作用。

图2-12　商品的风格潮流

特性特点

商品的特性特点是指商品相较于同类商品所具有的优势和特点，即别人没有的，我有。我们常见的商品特性特点有纯棉质地吸汗透气、绿色安全无添加、一式两用、限量版、定制等，这些商品所具有的新意和特色往往能让顾客动心。售前客服在认识商品时，要牢牢把握商品的特性特点。

如图 2-13 所示，售前客服在推荐公仔的特性特点时应突出其为限量版。售前客服在推荐商品时要对商品的特性特点进行重点解说，例如商品的安全性、唯一性、独特性等，以吸引顾客，促进顾客下单购买。

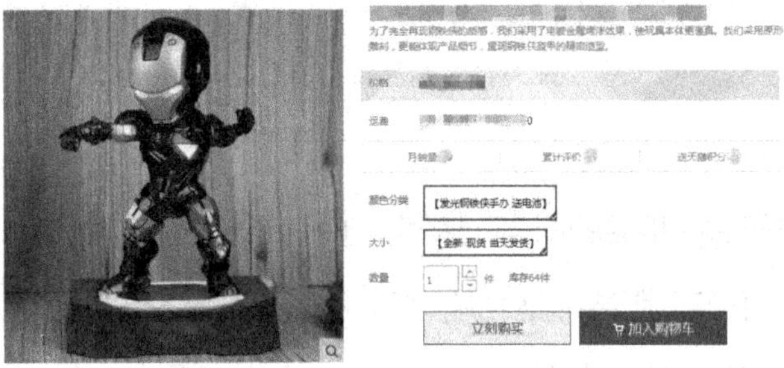

图2-13　商品的特性特点

2.2.1.2　尺码大小

网络购物最大的弊端就是顾客无法实实在在地接触商品，在选购商品时对商品的大小没有具象的概念，这给顾客造成了很大的困扰。售前客服需要掌握不同商品的不同尺码大小的划分，以帮助顾客迅速掌握商品的大致尺码，方便顾客选择。如图2-14所示，售前客服一般需要掌握服装、鞋子等商品的尺码大小，箱子、水杯等的容量，食品、黄金、白银等的重量，以及布料、绳子等的长度等。

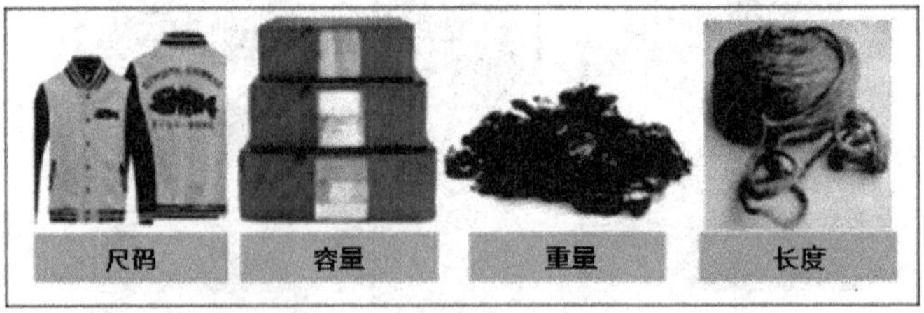

图2-14　商品的尺码大小分类

尺码

服装、鞋子、内衣、戒指、手镯等都是按照尺码区分大小的商品。我们针对不同的商品，分别对它们所对应的尺码进行讲解。

服装市场上一般有4种服装尺码的型号分类标准，如图2-15所示。售前客服不仅要懂得不同分类标准下的尺码意义，还要懂得不同分类标准下的尺码换算。

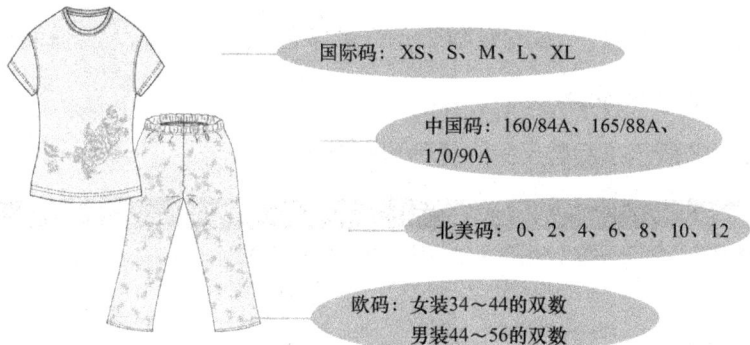

国际码：XS、S、M、L、XL

中国码：160/84A、165/88A、170/90A

北美码：0、2、4、6、8、10、12

欧码：女装34~44的双数
男装44~56的双数

图2-15 服装的尺码分类

1. 国际码

国际码是在服装市场中较为常见的一种尺码分类标准，按照衣服的大小分为 XS（Extra Small）、S（Small）、M（Medium）、L（Large）、XL（Extra Large），依次代表加小号、小号、中号、大号和加大号。售前客服要根据顾客的身高、体重及三围的大小，并结合顾客日常穿着习惯为顾客进行推荐和建议。

2. 中国码

中国码的表示方法是"（号）/型、（体型代号）"。其中"号"表示身高；"型"表示净体胸围或净体腰围；"体型代号"表示体型特征，以 Y、A、B、C 表示，Y 表示偏瘦体型，A 表示一般体型，B 表示微胖体型，C 表示胖体型。

3. 北美码

北美码通常用 0～11 的数字表示，数字对应着相应的身高，每个型号之间相差 5cm。其中还会使用字母来表示胸围和腰围的差值，以 Y、A、B、E 表示。Y 表明胸围与腰围相差 16cm，YA 表明相差 14cm，A 表明相差 12cm，AB 表明相差 10cm，B 表明相差 8cm，BE 表明相差 4cm，E 表明相差无几。

4. 欧码

欧码分为男码和女码，也分上装和下装。女士上装用 34 ～ 44 的双数表示，男士上装用 44 ～ 56 的双数表示，数字越大，尺码越大。裤装则用 in（1in ≈ 2.54cm）来表示。

图 2-16 所示是服装尺码的正确测量方法。

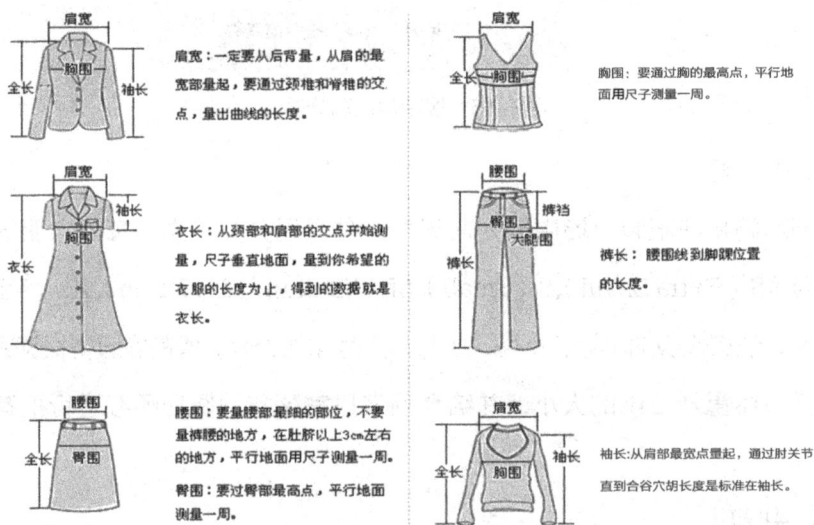

图2-16　服装尺码的正确测量方法

鞋码的分类标准没有统一的形式，但一般都包含长、宽两个测量项。长度可能是穿者脚的长度，也可能是鞋楦的长度。市面上一般采用国际码、欧洲码、美国码、英国码等方式进行标示，售前客服需要掌握这 4 种尺码的分类标准（如图 2-17 所示）和转换（如图 2-18 所示）。

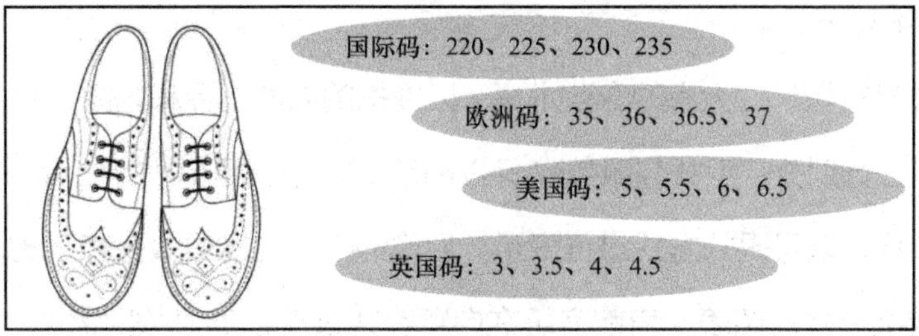

图2-17 鞋子的尺码分类

女鞋

脚长 cm	22.5	23	23.5	24	24.5	25	25.5	26
欧洲 EUR	35	36	37	38	39	40	41	42
美国 US	5	5.5	6	6.5	7	7.5	8	8.5
英国 UK	4	4.5	5	5.5	6	6.5	7	7.5

男鞋

脚长 cm	24.5	25	25.5	26	26.5	27	27.5	28
欧洲 EUR	39	40	41	42	43	44	45	46
美国 US	7	7.5	8	8.5	9	9.5	10	10.5
英国 UK	6	6.5	7	7.5	8	8.5	9	9.5

图2-18 鞋码转换参照表

1. 国际码

国际码是基于脚的长度，以mm为测量单位对鞋码进行划分，例如220、225、230、235；中国的鞋码标示方法沿用国际码，以cm或者mm进行区分。

2. 欧洲码

欧洲码将鞋楦和脚长都列入了考虑范围，鞋楦是鞋的成型模具，决定了鞋的造型和式样。欧洲码的计算方式如下：欧洲码＝1.5×鞋楦长＝1.5×（脚长＋2）。但鞋码的具体大小也要根据鞋子的版型视情况而定。

3. 美国码

美国码以in进行衡量：男鞋码＝3×鞋楦长－22，女鞋码（常见）＝3×鞋楦长－20.5。常见的标示为5、5.5、6、6.5。

4. 英国码

英国码用in作为鞋号长度，以脚的长度和宽度作为标示基础，常见的标示为 4、4.5、5。

手寸是戒指尺寸大小的专业术语，以戒指的内圈直径和内圈周长为依据对戒指号码进行划分。手寸与佩戴戒指的人的手指的粗细密切相关，以 mm 为单位进行计算，以号码的方式进行表示。现代的手寸是以号数来表示的，表 2-1 所示为戒指尺寸对照表，售前客服在向顾客建议戒指的号数时需要严格谨记，并且要考虑到顾客佩戴时的舒适度。

表 2-1　戒指尺寸对照表

号数（码数）	内圈直径（mm）	内圈周长（mm）
7	14.5	46
8	15.1	47.5
9	15.3	48
10	16.1	50.5
11	16.6	52
12	16.9	53
13	17.0	53.5
14	17.7	55.5
15	18.0	56.5
16	18.2	57
17	18.3	57.5
18	18.5	58
19	18.8	59
20	19.4	61

图 2-19 提供了测量手寸的正确方法，售前客服需要熟记该知识以便将其传递给顾客，方便顾客进行正确的选择。

图2-19　测量手寸的正确方法

容量

商品的容量是指商品的容积大小，储物箱、液体饮料、护肤品、香水等商品的容量使用L、mL进行表示，例如1L的橄榄油、5L的储物箱、200mL的化妆水、50mL的香水等。售前客服不仅需要掌握商品的具体容量，还要根据商品的具体用途给顾客一个更加准确、具象、立体的概念。豆浆机的容量描述如图2-20所示。

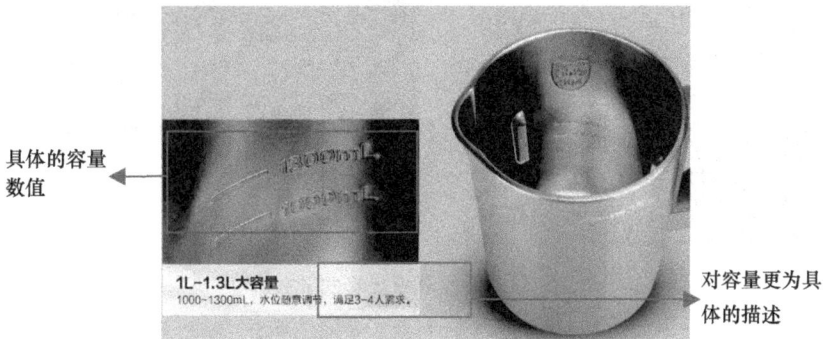

图2-20　豆浆机的容量描述

重量

金条、散装食品、茶叶等固体商品都需要用重量来区分它们的规格，以g、kg来表示，如我们常说的1kg糖果、20kg大米、100g茶叶等，如图2-21所示。

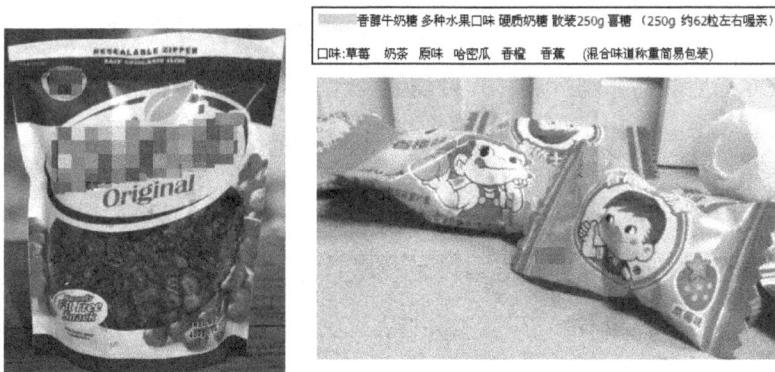

商品外包装上标示重量　　　　　　按照散装价格称重出售

图2-21　按重量出售的形式

长度

布料、线等商品大多是按照其长度进行出售的（如图 2-22 所示），采用的单位为 m、cm 等。这类商品的价格与长度成正比关系，一般来说长度越长，价格越贵。

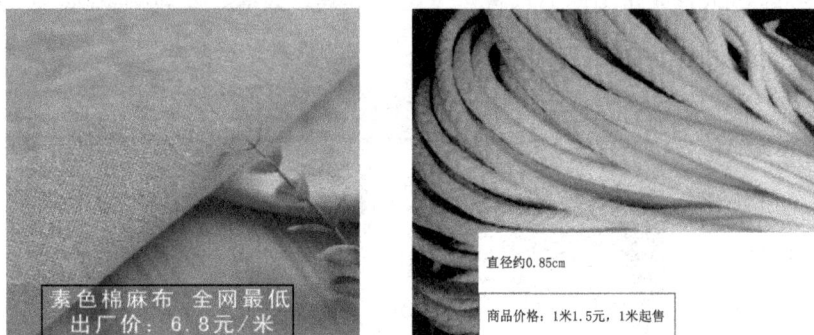

图2-22　按长度出售的形式

2.2.2　促销活动的传达

促销是商家为了促进商品的销售，通过降低商品价格、赠送购买礼品等形式，让顾客购买商品，增加该商品的销售数量，从而增加店铺收益的销售行为。售前客服作为店铺的前线人员，需要将促销活动的信息传递给顾客，以保证促销活动的顺利开展，并且需要在促销活动期间向顾客解释清楚促销活动的相关流程和注意事项，避免发生不必要的误会或纠纷。

2.2.2.1　促销活动的时间选择

促销不是时时都有的，正因为促销的罕见性，才能以价格、赠品等优势吸引顾客的眼球，激发顾客的购买欲望。店铺通常会选择一个"合理"的时间来进行促销，以告知顾客促销活动的罕有，那么店铺一般会选择什么时间进行促销呢？

大型节日

卖家利用元旦、春节、妇女节、国庆节、中秋节等传统节日进行促销，以吸引大量顾客进行购买。这里值得一提的是经由阿里巴巴注册使用的"双十一"购物狂欢节，如图2-23所示。卖家利用每年11月11日这天，对商品进行打折优惠处理，优惠的力度和广度都是前所未有的，而这个堪比"黄金周"的节日对售前客服的要求是极其高的。纵观2019年天猫"双十一"全球成交金额突破2000亿元的战绩，许多大型店铺纷纷表示在半年前他们就开始策划准备，而其中售前客服功不可没。售前客服不仅需要在狂欢节的前一个月进行宣传推广，解答顾客疑惑，还要在"双十一"当天处理成千上万的咨询量，通宵轮班工作，将促销信息通过阿里旺旺、邮件、电话、短信等方式传递给顾客。

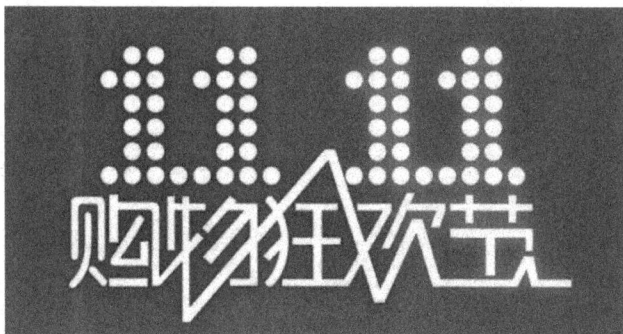

图2-23 大型电商节日

换季清仓

部分商品的季节性较为明显，且更新的速度越来越快，如何处理不断增加的库存便成了最令卖家头痛的问题之一。若不处理，库存压得越久，商品贬值就越厉害，最后可能变得一文不值，大部分卖家会选择换季清仓的方式来清理一部分库存。如图2-24所示，换季清仓是指店铺将上一个季度剩余的商品低价甩卖，清空库存，为下一季的新款出售做好准备。换季清仓的活动大致在季节交替的时候进行，但卖家也要根据货品出清的速度来控制自己的促销活动。如果出清速度超过预期，就要考虑提前换季。

图2-24　换季清仓

店铺上新

对于发展较为成熟的店铺，卖家在进行商品上新时都会挑选一个固定的时间，将最新的商品款式上架销售。为了刺激顾客对新款商品的消费，卖家也会采用一些店铺上新促销。如图 2-25 所示，店铺通常采用的促销形式是使用优惠券、包邮、赠送小礼品等，在价格上的优惠并不大。因为新款商品的促销目的在于扩大销售额，为商品树立口碑。

图2-25　店铺上新

店铺活动

为了回馈新老顾客对自己店铺的支持，许多较为成熟的店铺会在自己的周年庆或者一些店铺的特别活动中进行商品促销，如图 2-26 所示。促销的类型多种多样，有打折、送礼品、优惠券等各种形式，不仅可以增加商品的销量，还能维持与顾客的关系，与顾客共享店铺发展带来的利润。

图2-26 店铺活动

2.2.2.2 促销活动的形式

随着电子商务竞争的逐渐激烈，商家促销活动的形式也多种多样，赠送礼品、现金打折等优惠让利形式满足了不同顾客的心理需求，在一定程度上促进了商品的销售。

买赠

买赠促销形式是指商家规定顾客购物达到一定的价格或者一定的数量后，卖家赠送指定的商品。如图 2-27 所示，一些顾客为了获得商家赠送的商品，不惜购买不必要的商品"凑数"，这也是商家进行买赠促销的目的所在。

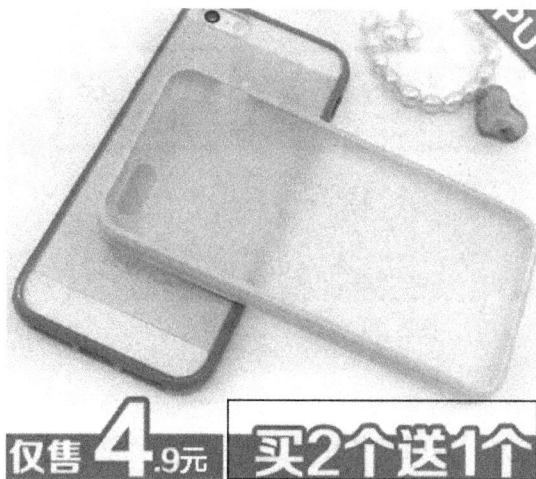
图2-27 买赠促销形式

买赠促销形式对于增加店铺销售额是非常有效的，尤其是对于提高售前客服的客单价是非常明显的。

打折

打折是商家促销最为直接的一种方式，是商家根据商品原价确定商品让利系数，进行减价销售的一种方式。它通过一定的折扣减少顾客金钱的付出，是最为直接，也是相当有效的促销形式。图 2-28 中的店铺打折促销信息十分吸引顾客的眼球。

图2-28　打折促销形式

红包、优惠券

优惠券是卖家发送给买家的虚拟电子现金券，买家可以使用获得的店铺优惠券在购买商品时抵扣现金。红包同优惠券的作用一样，都是由卖家免费发送给顾客的，顾客可在购买商品时使用，如图 2-29 所示。

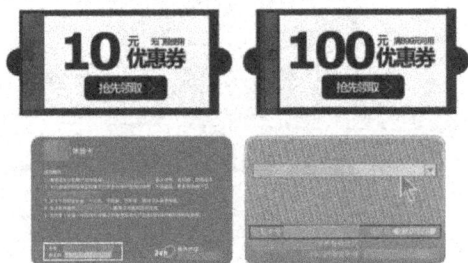

图2-29　红包、优惠券促销形式

限时折扣

如图 2-30 所示，限时折扣是卖家定期定时降低商品的价格，以先到先买、限时限量、售完即止为原则，顾客需要在规定的时间内付款交易，否则系统会自动关闭订单。限时折扣促销形式也是十分吸引人的一种手段，在一定的时间段内可以产生大量的购买，突出商品的稀缺性，增加顾客的购买欲望。

图2-30　限时折扣促销形式

2.2.2.3　促销活动的话术整理

店铺的促销活动是早已经策划设计好的，所以售前客服在对促销活动进行推广宣传时尽量使用快捷自动回复，将活动的具体内容和注意事项都罗列在其中，下面是设置快捷回复的方法。

Step 1　在阿里旺旺的聊天栏里找到快捷短语使用按钮，单击"添加／修改短语"按钮，如图 2-31 所示。

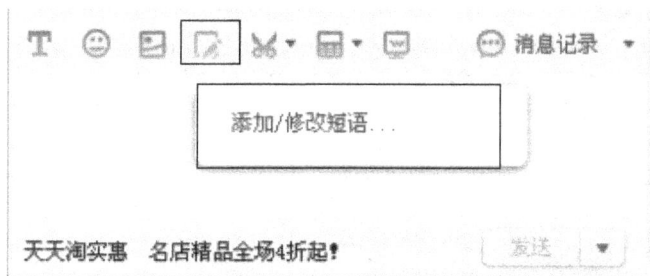

图2-31　单击"添加/修改短语"按钮

Step 2　在新出现的界面内单击"新增"按钮，如图2-32所示。

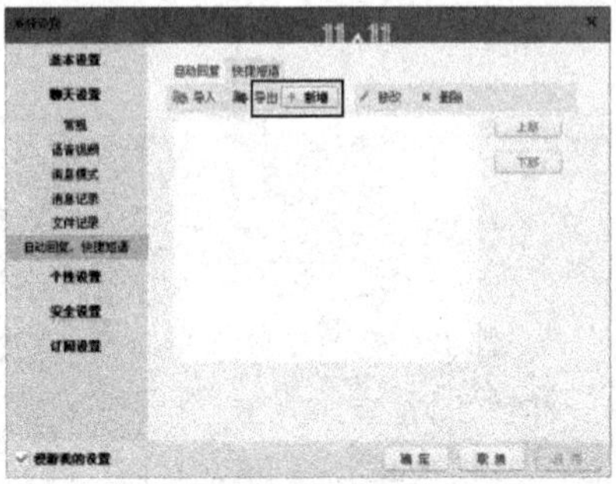

图2-32　单击"新增"按钮

Step 3　在出现的对话框里面输入促销活动的信息，输入完毕后，单击"保存"按钮即可，如图2-33所示。

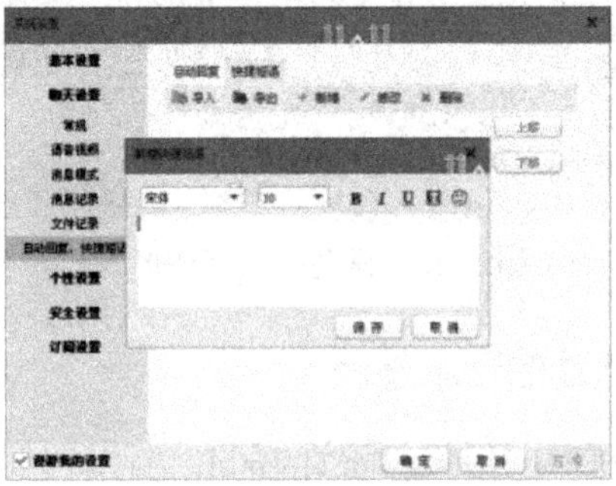

图2-33　单击"保存"按钮

促销活动话术整理如图2-34所示。

促销活动话术整理	A. 欢迎光临×××店，我是您的专属客服×××！店铺上新大促销啦，有很多优惠券和红包等着你来领取哟。订单满199元包邮，直接发顺丰的哟，让您在最短时间内见到您购买的商品。【红包、优惠券】
	B. 上新啦！上新啦！优惠不间断，凡在×××—×××期间在小店拍单付款的亲们，不仅可以享受无门槛包邮活动，还可以获得限量版的15mL BB霜，小店的××品牌均为××本土专柜正品，支持××专柜和免税店验货的哦。【买赠】
	C. "双十一"马上来啦！包邮、满就送、心动特价统统都有，想了解更详细的信息，请召唤××吧！更多惊喜等着你哟！亲们记得收藏店铺随时关注。【大型电商节日促销】
	D. 又是一年周年庆，凡是在店铺周年庆这天购买任意商品，小店都会附赠超级大礼哦！只有您想不到的，没有您买不到的哦！大礼包的数量有限哦，先到先得哦。【周年庆促销】
	E. 零点的钟声已响起，小店的限时抢购也开始啦！追赶着时间奔跑的少年啊，机不可失时不再来呢！本店的限时抢购只有1个小时，时间一到就立刻恢复原价。所以还等什么，赶快抢购吧。【限时抢购】
	F. 这可是前所未有的惊喜！全场3～5折促销开始啦。您也许不相信这么低的价格，这么超值的商品，但在今天，真的实现啦！要下手可得赶快呀，错过今天就得再等一年。【打折】

图2-34　促销活动话术整理

2.3　售前成交过程

　　大多淘宝店铺的客服岗位的分工是非常明确的，其中售前客服人数最多。在整个店铺的运营中，售前客服扮演着十分重要的角色，尤其是在帮助顾客顺利完成商品购买的过程中，不仅要担当顾客一对一的咨询师，同时还要兼任店铺形象的塑造者、店铺销量的提升员。现在我们开始对售前客服的售前成交过程进行详细的讲解，如图 2-35 所示。

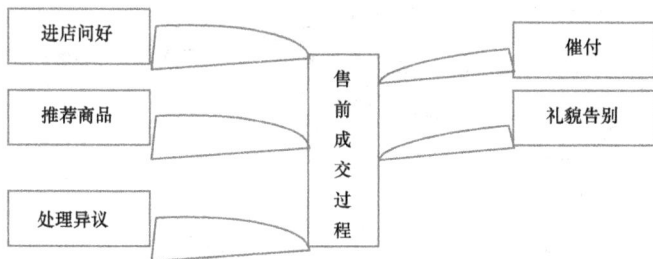

图2-35　售前成交过程

2.3.1　进店问好

　　第一印象是指在和陌生人的交往中，人们留给对方的最初印象。第一印象在日常生活中是很普遍的，而这种第一印象在较为"闭塞"的网络购物中表现得更为明显，这种通过售前客服所获得的第一印象是顾客之后进行商品交易的重要依据。在竞争异常激烈的网络店铺中，售前客服更要注意第一印象的培养。

拒绝一个字回答

　　"在""好""没""嗯"……这类看似回答顾客询问的词语，在售前客服与顾客的聊天中是要坚决避免的。一个字回答顾客的询问会让顾客觉得售前客服很敷衍、缺乏耐心、太过冷漠，如图 2-36 所示。

售前客服在一定意义上代表着店铺的形象和态度，顾客很容易将售前客服的态度延伸为整个店铺的态度。不好的态度会影响顾客在这家店购买的欲望，使店铺流失客源。所以售前客服在回答顾客询问的时候尽可能配有较多的文字和表情，当然文字适量即可，太多的文字会让顾客抓不住重点。总之，一个字回答是要严格禁止的。

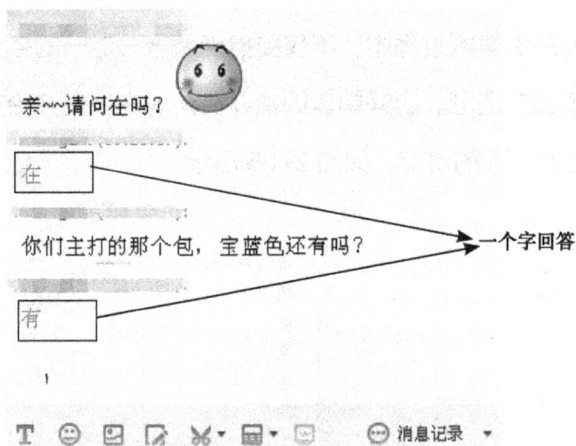

图2-36 售前客服聊天截图

礼貌热情，统一话术

面对顾客的"召唤"，疲于重复回答的售前客服往往暴露出几个缺陷：第一，回答死板，顾客问一句答一句；第二，气氛低迷，不善于调动气氛。礼貌热情是售前客服的基本要求，但长时间的销售接待让售前客服很难持续保持最佳状态。

俗话说"良言一句三冬暖，恶语伤人六月寒"，短短的一句"欢迎光临"能产生让人意想不到的效果。它能让顾客真正感受到被优待，并从源头上消除顾客的抵抗心理。售前客服在与顾客的交谈中要多用"您""咱们"等词语，让顾客真切感受到售前客服是真心为自己考虑的。

售前客服的工作压力大，但工作职责要求其必须保持礼貌热情的态度。我们总结出了一套有章可循的进店问好的流程和注意事项，如图2-37所示。

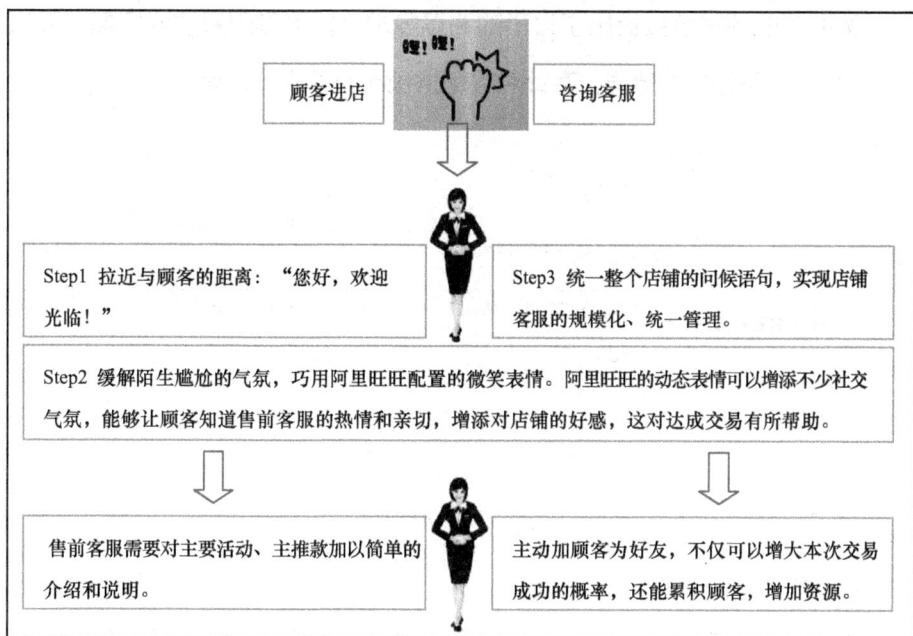

图2-37　进店问好的流程和注意事项

2.3.2　推荐商品

售前客服工作中最重要的流程就是推荐商品。推荐商品是指售前客服根据顾客的需要，将自己想要出售的商品通过自己独特的销售方式推荐给顾客的过程，这是售前客服工作的重点，也是售前客服工作能力的具体体现。

瞄准顾客的购买需求进行推荐

售前客服一定要明白，顾客前来购买的前提是他有一定的购买需求和购买欲望，那么售前客服要怎样准确定位顾客的购买需求呢？我们可以从以下两点进行分析。

1. 看顾客咨询什么

顾客咨询的问题直接反映了他们的购买需求，售前客服需要把握顾客咨询的问题中的关键词，有针对性地向顾客推荐商品，如图 2-38 所示。

案例 1 的顾客直接提出了自己的购买需求，售前客服只需要把握"天气冷""保湿"等几个关键词，有针对性地为顾客推荐商品即可。

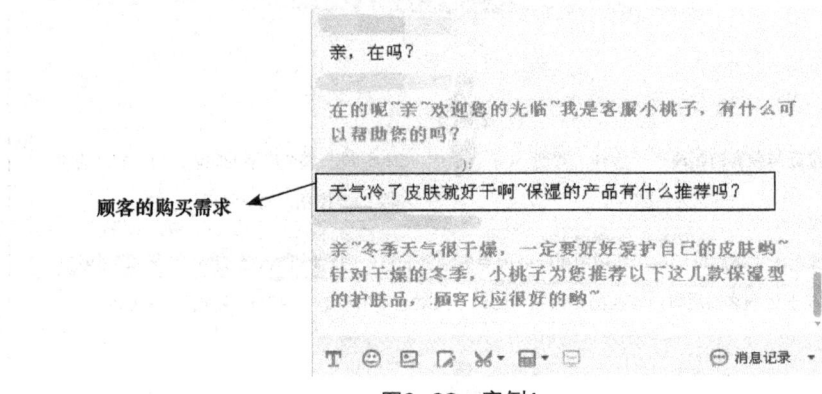

亲，在吗？

在的呢~亲~欢迎您的光临~我是客服小桃子，有什么可以帮助您的吗？

顾客的购买需求 ← 天气冷了皮肤就好干啊~保湿的产品有什么推荐吗？

亲~冬季天气很干燥，一定要好好爱护自己的皮肤哟~针对干燥的冬季，小桃子为您推荐以下这几款保湿型的护肤品，顾客反应很好的哟~

图2-38　案例1

2. 看顾客拍下什么

有一部分顾客习惯于在拍下订单后未付款的情况下找到售前客服了解商品信息，这个时候售前客服不需要再询问顾客的购买需求，只需要根据顾客所拍下的订单稍加询问，这样顾客会觉得售前客服很懂自己，不会存在沟通障碍，如图 2-39 所示。

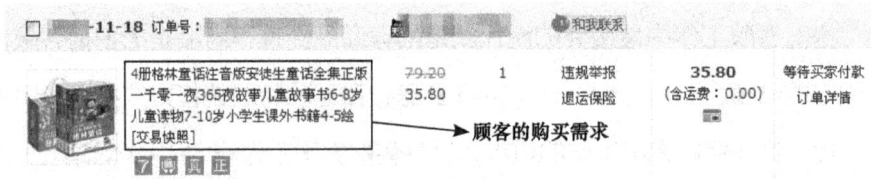

图2-39　案例2

根据顾客拍下的订单即可推测出顾客购买的是适合 7～10 岁小学生阅读的刊物，顾客的购买需求可以定位为"儿童读物""7～10 岁"等关键词，进而可以向顾客推荐适合这个年龄段阅读的其他图书。

帮助顾客进行挑选

很多顾客在挑选商品时患有"选择困难综合征"。顾客没有能够亲眼、亲手接触到自己所选购的商品，只能通过图片展示、文字说明来了解商品，对商品缺乏具体的认识，导致顾客在选购商品时出现不自信、缺乏独立意识等情况，这个时候售前客服需要帮助顾客进行选择。

一名合格的售前客服在帮助顾客挑选商品时，一定是在有对比的情况下进行的，那么售前客服通常会考虑哪些因素呢？如图2-40所示，我们分析了售前客服应该考虑的一些因素。

图2-40　售前客服帮忙挑选时应考虑的因素

举一个简单的例子，例如某个顾客需要购买一件冬季大衣，其购买需求的关键词为"保暖""款式好看""价格实惠"，而刚好有2～4件衣服满足了顾客的购买需求，顾客不知道怎样进行取舍，这个时候就需要售前客服显示其重要作用了。售前客服首先可以让顾客根据衣服的颜色进行挑选，询问顾客在冬季喜欢穿着艳丽一点儿的颜色还是稳重一点儿的颜色，并分别说出这两类颜色的优缺点。例如浅色系衣服在沉闷的冬季很抢眼，但却很容易脏，而在冬季洗衣服是非常麻烦的；深色系衣服耐穿性很强，但略显普通。当对颜色挑选完毕之后，售前客服可以引导顾客再对商品的款式进行挑选，长款还是短款、显瘦款还是韩版大款式，这些都需要和顾客进行确认，并分别阐述这几种款式的特点。最后，售前客服可以将相应的销售数量、商品反馈情况告知顾客，而其他顾客对商品的反馈信息对顾客的挑选影响很大。售前客服还可以结合自身的实际情况进行分析，因为售前客服能够亲手接触商品，所以对商品的性能、质量是非常清楚的，顾客也非常信赖售前客服的建议。

如果售前客服能够站在朋友的角度为顾客分析对比顾客选中的几款商品，相信说服力是极高的，不仅能够成功为顾客挑选商品，还能在一定意义上积累自己的客源。

巧用顾客心理

在前面的章节，我们对顾客心理做了系统的分析，在售前客服为顾客推荐商品时，这些对顾客心理的分析把握便可进入实战性阶段。在为顾客进行商品推荐的时候，售前客服只需要牢牢掌握顾客的两种心理，便离成功更近一步了。

买便宜心理是指顾客往往对商品促销打折等活动抱有强烈的好感，所以以低价的方式来促成顾客对商品的购买是极为常见的。售前客服在推销商品时可以从价格方面着手，例如"这个活动仅此一天，明天就恢复原价啦""我们很少进行促销活动的，这次机会要把握住哦""今天是优惠的最后一天，明天就没有折扣了"这类话语。售前客服一定要善于利用价格的对比来诱导顾客，说明立刻购买商品的各种好处所在，最好能用数据说话，增加其可信度，让顾客打心里觉得此时购买商品是很值得的。

人们常说，"越得不到的东西就越想拥有"，这句话在销售中实用性很强。在销售领域我们把顾客的这种心理统称为"买不到"心理，所谓买不到心理，就是指顾客一旦看中某样商品，因为货品数量的紧缺性，导致顾客买不到心仪的商品，为了避免这种情况的发生，顾客往往会立刻购买。在售前客服的销售过程中，可以利用顾客的这种心理来促成订单。例如，售前客服在面对犹豫徘徊的顾客时，可以对顾客说："这个商品只剩最后几个了，短期内也不会再进货了，如果您心仪就可以拍单付款了，我们会尽快发货寄给您。"或者说："这个商品是限量发售的，只有100件供顾客购买，先到先得，请把握良机。"顾客考虑到商品的稀缺性，就会迅速进行购买。

关联商品的推荐

首先我们要搞清楚什么是关联商品，关联商品是指与顾客所要购买的商品有一定联系的商品，其具有方便顾客购买、增加主力商品销售量的作用。就好像在实体店购买奶瓶，导购员都会介绍相应的奶瓶刷、备用奶嘴一样，这种迎合顾客在购买中图便利的消费倾向的销售方式，在网店中同样适用，售前客服就担当起了"导购员"的重要角色。

当然售前客服一定要明白关联商品的一些特点。第一，关联商品的价值和作用不能高于主力商品。例如顾客在网店购买手机，科学的关联搭配应该是与这个手机相关的屏幕保护膜或者手机膜，这些小商品不仅价格便宜，还能使主力商品在使用时更加方便。第二，在价格上应该有一定的优惠。例如顾客单买一件毛衣的价格是 100 元，单买围巾的价格是 30 元，但由于围巾是毛衣的关联商品，所以在出售时可以适当优惠，比如两件商品搭配起来购买的价格是 125 元。还有一种情况是顾客单买主力商品可能会涉及邮费问题，但在购买了价格并不高的关联商品后，就可以享受店铺包邮等优惠活动。

如图 2-41 所示，售前客服在销售护发素时，将商品搭配的使用效果和购买价格都向顾客进行了说明，让顾客无论是在使用效果还是购买价格方面都更加倾向于售前客服所推荐的；并且售前客服在推荐关联商品时过渡十分自然，没有让顾客感觉是在刻意推销，这样的售前客服的搭配销售就做得很成功。所以售前客服在对顾客进行关联商品推荐时，一定要站在对方的角度考虑劝说，让顾客感受到关联商品的实用性。

将选择权留给顾客

无论售前客服将商品描绘得多么好，售前客服都必须清楚地知道，选择权在顾客手中！所以售前客服不能滔滔不绝地讲商品有多么好，一定要在每一次介绍完商品的某一种性能时及时与顾客进行确认，确认顾客是否明白自己讲解的意思，是否认同自己的解说，如果不认同又有怎样不同的想法……这些问题都要与顾客及时沟通。但售前客服同顾客确认信息的过程也是有一定技巧可言的。

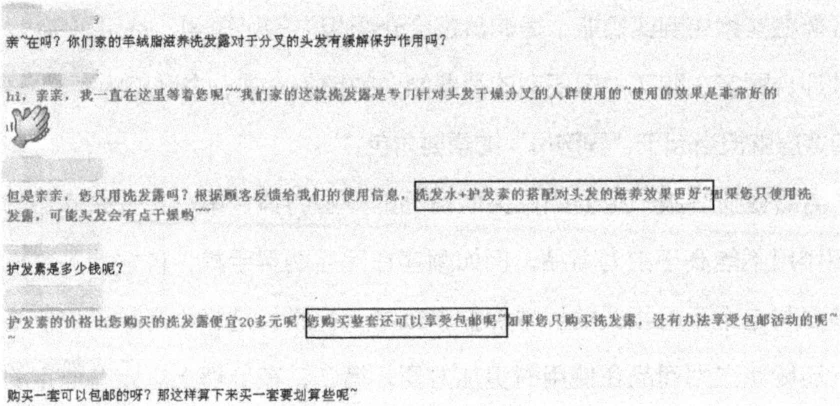

亲"在吗？你们家的羊绒脂滋养洗发露对于分叉的头发有缓解保护作用吗？

h1，亲亲，我一直在这里等着您呢~~我们家的这款洗发露是专门针对头发干燥分叉的人群使用的~使用的效果是非常好的

但是亲亲，您只用洗发露吗？根据顾客反馈给我们的使用信息，洗发水+护发素的搭配对头发的滋养效果更好"如果您只使用洗发露，可能头发会有点干燥哟~~~

护发素是多少钱呢？

护发素的价格比您购买的洗发露便宜20多元呢"购购买整套还可以享受包邮呢"如果您只购买洗发露，没有办法享受包邮活动的呢"

购买一套可以包邮的呀？那这样算下来买一套要划算些呢"

图2-41 关联商品推荐

1. 不直接回答顾客的问题，使用反问式的回答

售前客服总会遇到被顾客难住的问题，或者直接回答有些问题会让顾客感到不满意，那么售前客服就要学习如何机智地去回答这些问题。我们在这里介绍一种屡试不爽的回答方式——反问式的回答。反问式的回答是指将问题回抛给顾客，如当顾客问到的某种商品正好缺货时，如果直接回答顾客没有货了，会让顾客感到失望和不满，转身就关掉网页，搜索其他的店铺；但懂得运用反问来回答，不仅可以化解顾客的失望，还有很大可能促成订单。

举例来说，当顾客问："你们的这款手机有银灰色的吗？"这时，在线客服不可以直接回答没有，而应该反问道："抱歉，我们现在只有白色、棕色、粉红色的，您比较喜欢哪一种呢？"或者说："您对白色、棕色、粉红色的不满意吗？我们店暂时只有这3种颜色哟，实物比图片更漂亮呢！"类似这种向顾客反问的方式，会让顾客更多地去考虑店铺现有的一些货品资源，从而能够挽留一部分客源。

2.故意留给顾客时间去思考

如果顾客在选购商品时总是犹豫不决、优柔寡断，此时售前客服千万不能着急催促，而是应该耐心等待，适当地故意留给顾客思考的时间。例如有的顾客虽然对商品很有兴趣，可是拖拖拉拉，迟迟不做出决定。这时，售前客服不妨故意装做很忙要接待其他顾客，无暇顾及他的样子，让顾客再耐心地思考。

售前客服一般可以这样给顾客进行说明："亲，您可以再考虑一下哟，也可以搜索其他店的同类商品进行对比，如果您还有什么问题再找我吧。"或者说："抱歉呀，亲，现在询单的顾客太多，您可以再考虑一下，有任何问题都可以再找我的，一定为您细心解答！"这种故意留给顾客时间去思考的行为，有时会促使顾客做出购买决定，我们把这招叫作"欲擒故纵"，最后顾客自然会回头购买。总之售前客服一定要给顾客制造一种"不买就遗憾"的感觉。

将选择权留给顾客，不仅是尊重顾客选择的表现，同时也能"卖关子"，让顾客对自己店铺的商品更具有购买欲望，在博得顾客好感的同时，还能轻而易举地将商品销售出去，这样的销售技巧，何乐而不为呢？

2.3.3 处理异议

在售前客服与顾客交流沟通之后，顾客多少会对商品产生一些异议。如果售前客服不能够将异议处理得让顾客满意，就很难实现销售，所以售前客服一定要学会处理异议。所谓处理异议，就是针对顾客的疑问、不满，进行完全解答的过程。

如图 2-42 所示，售前客服在处理异议时要善于抓住异议的本质和关键所在，可以根据图示的 3 个方面进行分析，下面我们就详细地对这 3 个方面进行讲解。

图2-42　处理异议的3个方面

顾客为什么会产生异议？

顾客产生异议的原因是多方面的，大多是对价格的不满、对商品的不信任及对售前客服工作的怀疑等。针对不同的原因，售前客服需要进行耐心的解答，如图2-43所示。

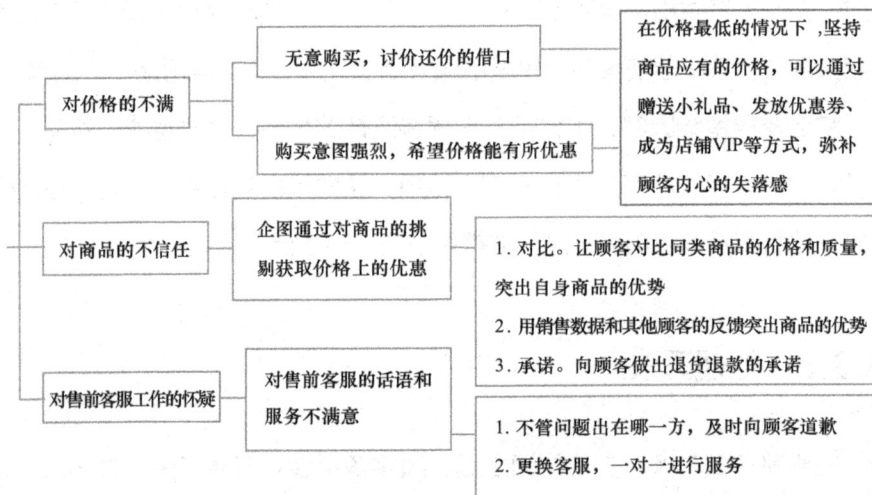

图2-43　顾客产生异议的原因及处理方法

面对异议，售前客服的处理态度应如何？

售前客服是一份不能着急的工作，售前客服面对顾客的任何疑问都要第一时间笑着进行解答，切不可将对顾客的不满情绪表露出来。售前客服面对异议的时候，无论是顾客的刁钻还是售前客服的失职，售前客服都要耐心对顾客进行解答和沟通，要以优质的服务态度来面对顾客提出的质疑和难题。

（1）热情礼貌，积极回应顾客的质疑。售前客服总会遇到一些无理取闹、难以应付的顾客，他们说话直接，对商品的质量、价格及服务都十分挑剔。售前客服在回答他们的质疑时一定要热情主动，不能总使用自动回复，要有针对性地解答顾客的疑问。

（2）永不争辩。顾客大多爱挑刺儿，售前客服要杜绝和顾客进行争辩，因为顾客总会基于自己的理由挑出不满之处，售前客服的争辩会加剧顾客的不满，还可能成为导火索，损失客源。

（3）了解清楚对方的意见，进行有效的确认。售前客服在处理异议时不要急于回答，要耐心仔细地找出症结所在，并与顾客进行有效的确认。

（4）学会认同对方的意见，用事实和数据进行有力的反击。当面对顾客的"百般刁难"时，售前客服不能急躁烦恼，要摆出店铺的销售数据和其他顾客的反馈信息，用这些事实说话，促使顾客购买。

售前客服如何处理顾客的异议？

售前客服在处理一般异议的时候，首先要明确异议的真正内容，并找出顾客所提出异议的分歧点，用数据和事实消除疑虑、误解，然后进行解释，说服顾客以达成共识。对于每一笔交易，顾客多少都会有一些异议，售前客服对于这些异议产生的原因要有足够清晰的认识，如果不能合理、满意地解决异议，往往会导致交易的失败。如图2-44所示，我们总结了处理异议的4个步骤。

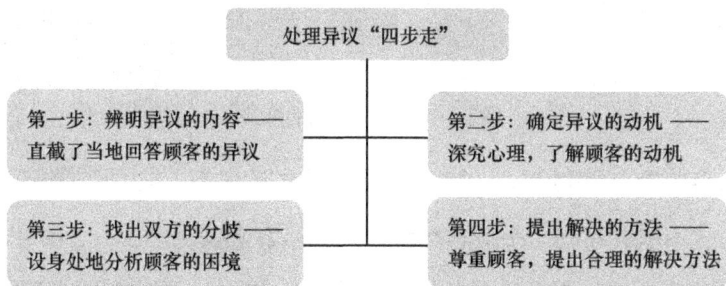

图2-44 售前客服处理异议的4个步骤

2.3.4 催付

售前客服和顾客经过长时间的沟通之后，顾客终于拍下了商品，但却迟迟没有付款，售前客服几乎每天都会遇到这种事情，这个时候就需要售前客服进行催付。催付工作是提高询单转化率最直接也是最简单的步骤，然而很多网店却常常忽略了这些拍下但未付款的订单，而始终不明白自己店铺的询单转化率低的原因。当售前客服意识到催付的重要性时，就一定要掌握催付工作的合理流程，包括用怎样的方式进行催付？何时进行催付？使用怎样的语言进行催付？这些都是售前客服在催付前应该掌握的知识。

催付方式

售前客服催付的方式有很多，现在用得比较多的催付方式主要是电话、阿里旺旺、短信 3 种方式，如图 2-45 所示。但从效果上来看，电话催付的效果是最明显的，其次是阿里旺旺催付和短信催付。当然，具体的催付方式要视店铺的实际情况而定。

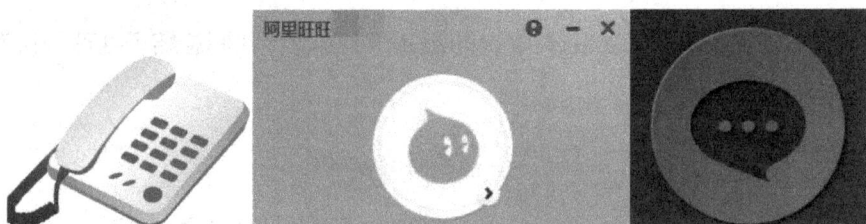

图2-45 催付方式的选择

使用这些方式催付时，一定要把握好催付的频率，切忌频繁催付。这 3 种催付方式不能针对同一个顾客频繁使用，最好选择其中 1 ～ 2 种催付方式，每种方式只能使用一次。过于频繁的催付会让顾客感到烦躁，顾客不仅不会付款，还会将店铺拉入"黑名单"。

催付时间

售前客服可根据顾客的购物时间选择更为恰当的催付时间，提高催付的成功率。售前客服除了在顾客下单后进行在线催付外，隔天同一时间进行催付的效果最好。很多订单提交后未进行支付的原因都源自支付本身的问题，顾客也会自行解决，隔天提示就会成为催付的最佳时间。图2-46所示的催付时间也是值得参考的。

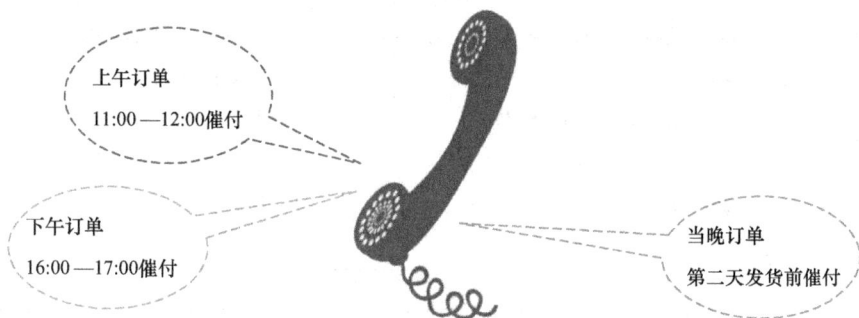

图2-46 催付时间的选择

催付内容

售前客服催付的内容可不是随随便便的，而是非常讲究的，一定要让顾客感受到售前客服的热情，感谢售前客服的提醒，而不是让顾客感到十分厌烦。这里针对不同的催付方式整理出了不同的催付内容，如表2-2所示。

总之，无论运用哪种催付方式，催付工作的核心就是要礼貌，学会设身处地地为顾客着想，加深顾客印象，顺利完成催付，最终提高售前客服的询单转化率。

表2-2 针对不同催付方式的催付内容

催付方式	参考内容
电话催付	电话催付很适合第一次进行网络购物的顾客，因为第一次进行网络购物的顾客对网络购物有一种陌生感和排斥心理，需要售前客服通过电话沟通消除顾客的疑惑。售前客服在进行电话催付时 定要事先了解顾客的信息，了解其所拍下的商品，以便进行沟通 客服话术：您好，请问您是×××小姐（先生）吗？我是×××店的客服，我叫×××，您昨天在我们店拍下了一款×××商品还没有付款哟，请问有什么是我可以帮到您的呢？因为这款商品是限量版，数量并不多哟。 Yes ← → No 顾客同意购买，但在付款流程上遇到了问题： 您看您什么时候上网方便呢？ 我可以通过阿里旺旺在线帮助您处理问题！ "没关系的，到时候如果您还需要的话可以再联系我。" "那我帮您关闭交易好吗？如果您下次还想购买重新拍下付款就可以了。"
阿里旺旺催付	对于女性顾客，使用阿里旺旺进行催付更为合适，但使用阿里旺旺进行催付的时间要把握恰当，因为顾客不是随时都在线的，需要售前客服在收到顾客的订单之后第一时间与顾客联系 客服话术：×××小姐，您好！您在××店铺拍下的××商品至今还没有完成付款，您是在付款上遇到什么问题了吗？如果有任何需要都可以联系我们！
短信催付	对顾客进行短信催付一定要在短信的开头说明顾客的名字，这样顾客才会耐心阅读，否则短信只会作为垃圾短信被删除 客服话术：×××小姐，您好！我是×××店铺的客服×××，我们查询到您在我们店铺购买的×××商品至今还没有完成付款，我们的货品在当日下午4点之前付款都是可以进行发货的，有任何问题都可以咨询我们！

2.3.5 礼貌告别

当顾客购买完商品后，售前客服要主动与顾客告别，这不仅是一种礼貌的行为，更是在为下一次的交易打好基础。

阿里旺旺表情的合理使用

在线沟通最大的局限性就在于我们不能用表情、声音、手势等微观语言来表达我们的意思。售前客服想表达对顾客购买商品的感谢之意，想表达对顾客下次光临的热情欢迎，很难单单靠文字让顾客感受到，而对阿里旺旺告别表情的使用在很大程度上弥补了这一点。礼貌性的告别话术配上我们常用的告别表情，会给顾客的购买之旅带来不一样的欢乐，如图 2-47 所示。

图2-47 阿里旺旺告别表情

添加顾客为好友，并备注相关信息

在与顾客礼貌告别后，千万不要忘记添加顾客为阿里旺旺好友并将他们合理分组，这样既可以表示你对顾客的重视，又能为你的下一次销售积累客源，如图 2-48 所示。

图2-48 添加阿里旺旺好友

附：售前客服岗位职能（见表2-3）。

表2-3　售前客服岗位职能

职责名称	职责描述	行为描述	时间周期	时间周期描述
负责每日顾客接待	负责每日顾客接待，并做特殊售前订单的登记	做到快速、礼貌、专业接待，不得与顾客产生任何冲突。登记特殊售前订单，并将其交接给售后客服和仓库的其他客服	每个工作日	
接受培训计划	接受爆款培训和新品培训，做到熟悉爆款，掌握新品卖点	每周固定时间接受培训，熟悉爆款，掌握新品的推荐技巧，能配合订单营销计划做出自己的总结笔记	每周	周一
紧急订单	协助售后客服完成紧急订单的处理	协助售后客服完成紧急订单的处理，确保订单及时交接到仓库，商品及时发出	每个工作日	
商品知识库	负责优化商品知识库	1.整理知识类目：按商品类目分类； 2.整理单品知识：按类目下面的货号添加单品知识； 3.关联对应商品知识，保证对所有商品都有相应的知识点，方便使用	每周	
满意度聊天记录质检	售前客服在与顾客沟通完毕之后，需要给顾客发送评价	1.指标：评价发送率、评价返回率、顾客满意比、客服服务满意度； 2.售前客服必须在和顾客沟通完毕之后发送评价，自觉接受顾客与主管的监督，认真对待每个顾客并执行到位； 3.分析解决问题：自己对自身接待面对的问题做出登记处理，将异常情况或难处反馈给上级主管	每个工作日	周报汇总
询单分析	负责对未下单、已下单未付款订单进行分析归档	1.发现问题：根据聊天记录确定问题类型，结合不同会员等级，从高等级向低等级逐级筛查和发现询单未下单、已下单未付款的原因，做好询单问题归档； 2.分析问题：查看归档统计和询单统计，整体了解询单问题的类型和数量等情况； 3.解决问题：就总结的相应问题做针对性的人和事的处理，包括对商品、客服和仓库配货人员的针对性业务培训，要求客服及时完成顾客评价跟踪事务	每个工作日	周报汇总
	对已下单未付款订单进行催付	针对已下单未付款订单进行电话回访，尽量让顾客付款以达成交易	每个工作日	周报汇总

续表

职责名称	职责描述	行为描述	时间周期	时间周期描述
负责本部门流程制订、优化	负责收集每日顾客咨询最多的问题点	收集客服反馈的信息：顾客咨询商品最多的信息类别是什么？针对这些问题制订相应的解决方案，以便客服能够更快、更准确地答复顾客、解决问题	每个工作日	周报汇总
自我成长	以正确、积极的态度接待顾客	切忌答非所问，注意沟通技巧，不能盲目做出任何承诺。以专业、热情的方式接待顾客	每周	周一
	询单转化率	对自己的询单转化率要熟悉，知道自己的弱点和与别人的差距，对自己的弱点进行改进	每周	周一
	打字速度测试	每周进行一次打字速度测试，要求每分钟70字以上（测试内容：平时需要用到的快捷回复，在周报中汇报成绩）	每周	不定时、周报汇报测试结果
	要接受销售客服培训、训后考试	1.新品培训一个月不低于2场（商品使用说明、商品特点说明等服务）；2.销售客服提升培训一个月不低于2场；3.针对售前客服的售后知识培训，特别是针对维权类型的；4.销售客服培训后进行考试	每月	每月5号总结
	树立学习目标	树立自己的学习成长目标，为每个阶段制定学习计划和改进目标	不定期	
日常工作	配合部门管理工作	老员工带新员工的工作和新员工的基础培训安排和计划	不定期	
	接受公司激励、淘汰制度	接受公司的激励、淘汰制度，不断提高自身能力，提高专业服务水平	不定期	
	关注库存情况	关注库存情况，了解商品采购、停产等状态，及时调整关联商品推荐的方向	不定期	
	流程优化、意见建议	对售前、售后、运营、仓库客服进行监督，可提出优化售前、售后、运营、仓库客服工作流程的方案	不定期	
	负责销售客服办公区的卫生	搞好部门办公区的卫生，地面垃圾随时清理，时刻保持清洁，桌面无杂物	每工作日	
	负责协调集体打扫卫生	配合行政部门完成公司集体卫生的打扫	每周	

续表

职责名称	职责描述	行为描述	时间周期	时间周期描述
团队协作	页面纠错	遇到价格、链接、图片有误的，及时交给运营部门解决	不定期	
	负责大型活动协调工作	举办大型活动时，做好客服工作安排、总结	不定期	
	配合运营人员的营销活动	配合开展营销活动	不定期	
	活动效果反馈	对运营部门活动方案的效果进行反馈，协助运营部门调整活动方案	不定期	

2.4 售中客服工作流程

当顾客完成付款后，售前客服就要将顾客的订单发给仓库，仓库管理人员再根据订单发货，而对订单的跟踪就落到了售中客服身上。售中客服是指对订单进行确认、对快递进行排查的人员，是保证商品正常出库发货的关键人员。

2.4.1 订单处理

确认订单

在收到顾客的拍单付款信息之后，售中客服要通过阿里旺旺及时与顾客取得联系，确认顾客填写的信息是否正确，避免发错地址，引起纠纷。如图2-49 所示，售中客服会通过淘宝后台查询订单，确认每一个订单的具体信息。

● 您的当前位置： 我是卖家 > 交易 > 订单管理 > 等待我发货

交易

| 全部订单 | 待付款 | 等待我发货 | 待确认收货 |

· 订单管理

· 评价管理

· 退货退款管理

· 看样订单

· 看样退款管理

订单号 | 订单号   买家 | 用户名/昵称   收货人 | 收货人姓名

类型： | 全部 ▼   下单时间 | 📅 | 📅

付款： -18 19:10   ✚ 标为代发订单

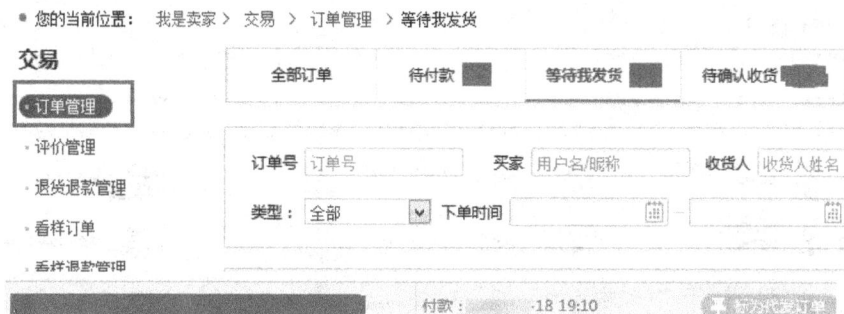

图2-49 订单管理1

未发货订单排查

由于顾客订单众多，售中客服一定要每天定时排查订单，尤其要重点排查未发货的订单，如图 2-50 所示。这类未发货的订单大多与商品预售、商品缺货、系统对该订单是否下载、后台未单击"确认发货"有关系，所以售中客服在排查订单的时候要对这几类订单进行重点排查。当然现在有许多软件可以自动排查未发货的订单，售中客服可以使用相应的软件来减轻自己的工作量。

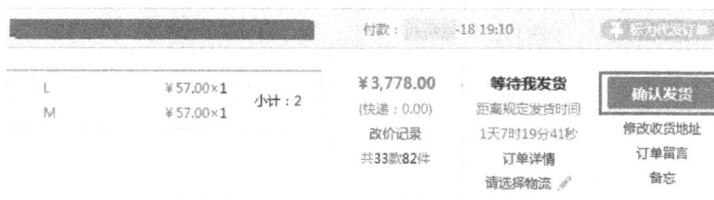

付款： -18 19:10   ✚ 标为代发订单

L	¥57.00×1	小计：2	¥3,778.00	等待我发货	确认发货
M	¥57.00×1		(快递：0.00)	距离规定发货时间	
			改价记录	1天7时19分41秒	修改收货地址
			共33款82件	订单详情	订单留言
				请选择物流 ✎	备忘

图2-50 订单管理2

缺货订单处理

缺货是指库存中无货可售卖，缺货订单对于售中客服而言是较为严重的过失。根据淘宝规定，订单超过 72 小时或者约定时间不发货，顾客是可以投诉卖家的。所以售中客服一定要定期检查库存，及时对不足的商品补货或下架，尽可能避免缺货的情况，如图 2-51 所示。

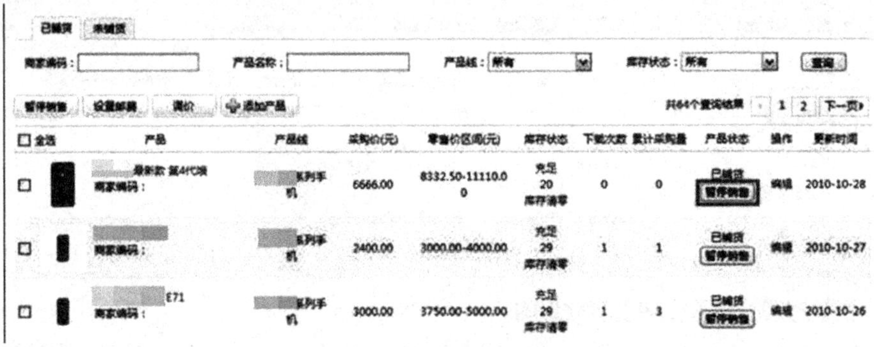

图2-51　商品库存管理

但若是不巧出现了缺货的情况，售中客服一定要在第一时间与顾客取得联系，商议出最佳的解决办法。常见的一些解决办法有退还顾客款项、重新调换商品款式、升级顾客的会员等级或者以优惠券进行补偿等，售中客服在解决这类问题的时候要清楚自己是理亏的一方，所以无论是说话的语气还是解决的办法都要尽可能以顾客为主，拒绝强硬型的解决办法。如果处理不妥当，很可能会遭到顾客的投诉，影响店铺的排名，这便是得不偿失啊！

紧急订单处理

在售中客服处理的各类订单中，有几类订单属于紧急处理类别，需要第一时间进行处理，这其中包括错单、礼物单、投诉单等，我们接下来逐一进行讲解。

错单包括两种情况，一种是顾客错误填写了地址和信息，且没有第一时间告知卖家，卖家在处理订单准备发货的时候才得知信息的错误；另一种的过错方是卖家，如卖家错误地填写了顾客的信息或者错误地包装了商品。错单的情况是十分严重的，因为其不仅会损害买卖双方的利益，还会让顾客产生不满，所以要及时处理。

礼物单是针对那些将赠送的礼品作为一个单独的链接让顾客拍下的店铺，但这样有一个很大的风险，如果店铺忘记赠送礼物，顾客是可以进行维权的。遇到这样的订单，售中客服在未发货时应该及时补救；如果商品已经发出，售中客服则需要将赠品单独寄出，并向顾客做出详细的说明。

这里所讲的维权是指在未发货或商品还在运输途中的时候，顾客出于一些原因对店铺进行的投诉。售中客服需要立刻与顾客取得联系，弄明白原因，并做出妥善的协调和安排。

2.4.2 订单跟踪

订单跟踪是指售中客服将商品打包寄出后，要对订单进行跟踪与查询，确认商品安全地到达顾客的手中。

查看物流

售中客服的工作不是将商品寄出去就结束了，适时跟踪商品的物流信息也是十分重要的。售中客服可以根据淘宝后台所更新的内容进行查询，也可以进入快递公司官网，输入快递单号进行查询，如图 2-52 所示。

图2-52 订单查询渠道

签收提醒

当快递员在派件途中的时候，淘宝会提示卖家商品正在派件，当售中客服收到类似的信息的时候，可以以短信的方式提醒顾客注意签收。这不仅能让顾客感受到店铺的细心，还能及时向顾客反馈商品的物流信息。签收提醒短信一般以使用术语为最佳。例如："亲，您在×××店铺购买的商品，快递小哥正以飞快的速度为您派件，在收到包裹后请仔细检查商品，确保商品的完整性之后再进行签收，您对收到的商品有任何问题请立即与在线客服联系，欢迎您的下次光临。"

确认收货后提醒顾客好评

售中客服通过查询商品的物流信息，在确认顾客已经签收商品之后，同样要以短信的形式对顾客的购买表示感谢，并以优惠券、VIP等赠品的形式提醒顾客及时给予好评。例如："亲，您在×××店铺购买的商品已经显示签收，对商品满意的话请给我们全5分好评吧，将好评截图发给客服还可获赠20元优惠券哦。如果有任何问题请先联系我们解决，感谢您的支持！"

第3章

售前客服经典案例解析与
销售技巧和话术

引 言

无数的售前客服用他们的客服经验为我们总结出了许多受用的技巧。用什么技巧才能让顾客放心地购买商品？用什么语言才能给顾客带来相对好的购物体验？服务在第一线的售前客服的工作压力并不小，不仅要尽可能地推销商品，解决顾客的疑问，还要力求以最好的状态和顾客建立朋友关系，售前客服如何说话就对顾客是否购买商品产生重要影响。在这一章中，我们对大量售前客服经典案例进行了剖析，同时整理出了成体系的销售技巧和话术，这对售前客服而言是非常实用的。

3.1　售前客服经典案例解析

我们从不同的渠道搜集了大量的售前客服经典案例，从这些案例中我们分析出了大量实用的经验和教训，所谓"见贤思齐焉，见不贤而内自省也"。我们总结了售前客服在与顾客交流的过程中常出现的几类情况，下面一一进行分析。

3.1.1　不熟悉商品

顾客在选购商品的过程中遇到疑惑时，第一时间想到的都是咨询售前客服，售前客服如果对顾客的询问"一问三不知"，你觉得顾客还会购买你的商品吗？下面我们来看看几个典型的案例。

案例一　×××化妆品店

```
lex:(18:24:03)  日期是哪天？
ex:(18:24:18)  生产日期
eise:(18:24:43)  19年最新日期的呢
alex:(18:25:26)  19年几月份的？
eise:(18:25:36)  具体的确定不了哦
eise:(18:25:38)  货都在库房呢
```

图 3-1　案例一　×××化妆品店

诊断：售前客服对商品的生产日期不熟悉，会让顾客担心保质期的问题；售前客服切忌在聊天中说不清楚的话，因此要熟悉商品，说出肯定的语句。

治疗：亲请放心，我们的商品都是在过期之前很早就卖完了的，不用担心过期这个问题的哦！

案例二　×××女装服饰店

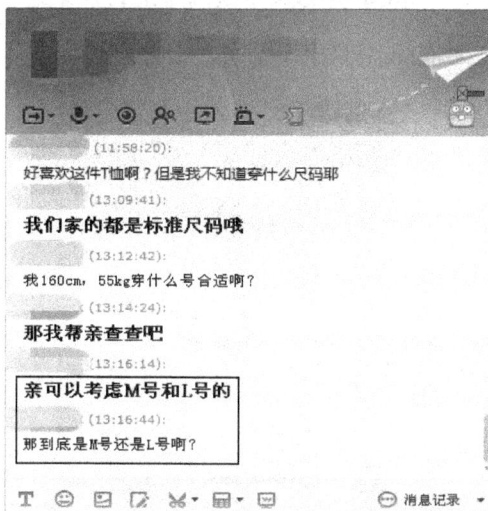

图 3-2　案例二　×××女装服饰店

诊断：售前客服忽略了顾客主要想咨询的问题，反而去回答顾客并不关心的问题，让顾客失去了谈话的耐性。

治疗：亲，我们家的 T 恤都是标准尺码的，您平时穿多大码，在我们店就买多大码，您不用担心的。

案例三　×××儿童玩具精品店

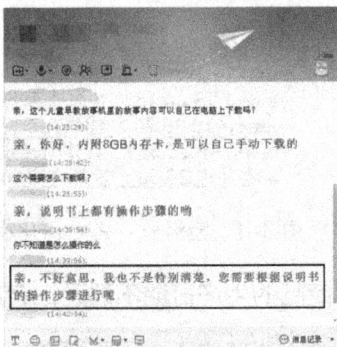

图3-3　案例三　×××儿童玩具精品店

诊断：对于一些电子产品，售前客服一定要自己操作一次，这样才能为顾客进行讲解；如果教条主义地让顾客参见说明书，这会影响顾客对商品的信心。

治疗：亲，这款儿童故事机的操作很简单的，如果您需要在电脑上下载资料，只需要将数据线插入电脑接口即可，十分方便。

案例四　×××糖果零食店

图3-4　案例四　×××糖果零食店

诊断：这位售前客服反复使用"应该"这类不确定性的词语，以及笼统性的"口感蛮好的"，更多的是让顾客觉得售前客服的不耐烦，这会降低顾客的购买欲望。

治疗：亲，这款棒棒糖的甜度适中，比起您吃的×××糖果的甜味还淡一些，小朋友也会喜欢这个味道的，小朋友吃这款棒棒糖还不会那么容易长蛀牙呢！

通过以上 4 个案例我们可以看出，售前客服对商品不熟悉，在回答顾客问题的时候总是闪烁其词，带来的最坏的影响就是顾客对这家店铺失去信心。售前客服除了要努力熟悉自己的商品之外，在和顾客沟通的时候，一定要充满信心，不能闪烁其词，要多说肯定句，以增强顾客的购买欲望。

3.1.2 答非所问

答非所问是售前客服和顾客聊天时最忌讳的聊天方式之一。顾客向售前客服咨询时，售前客服答非所问的聊天方式会让顾客觉得自己没有被尊重，也不会有耐心继续和售前客服聊下去，我们来看以下几个案例。

案例五 ×××化妆品店

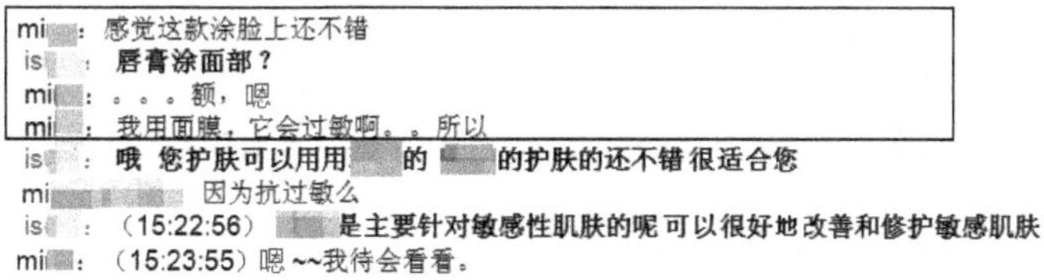

mi　：感觉这款涂脸上还不错
is　：**唇膏涂面部？**
mi　：。。。额，嗯
mi　：我用面膜，它会过敏啊，，所以
is　：哦 您护肤可以用用 　的 　的护肤的还不错 很适合您
mi　　　　　 因为抗过敏
is　：（15:22:56） 是主要针对敏感性肌肤的呢 可以很好地改善和修护敏感肌肤
mi　：（15:23:55）嗯~~我待会看看。

图 3-5 案例五 ×××化妆品店

诊断：顾客两次提及过敏，售前客服并没有在第一时间回答，而是在质疑顾客的用法，没耐性的顾客会很快走掉。

治疗：您的护肤品可以选择 ×× 的，×× 主要针对敏感性肌肤，可以很好地改善和修护您的肌肤。

案例六 ×××化妆品店

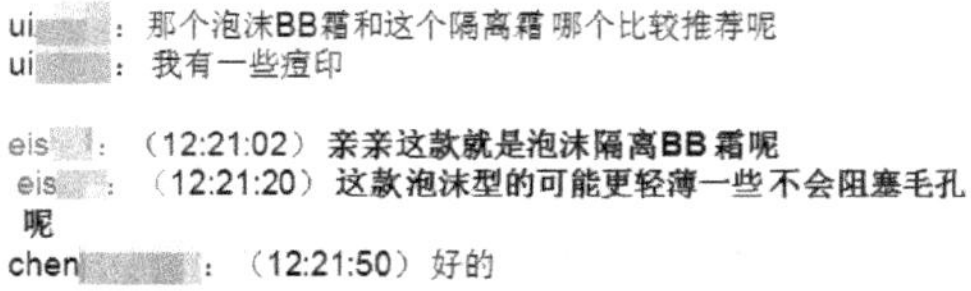

ui　：那个泡沫BB霜和这个隔离霜 哪个比较推荐呢
ui　：我有一些痘印

eis　：（12:21:02）亲亲这款就是泡沫隔离BB霜呢
eis　：（12:21:20）这款泡沫型的可能更轻薄一些 不会阻塞毛孔呢
chen　：（12:21:50）好的

图 3-6 案例六 ×××化妆品店

诊断：没有重点解释顾客最担心的问题，回答偏离了问题。

治疗：如果亲脸上有一些痘印，推荐这款泡沫型的 BB 霜，它更轻薄一些，不会阻塞毛孔，而且遮盖效果也很好，您在使用时可以重点遮盖痘印。

案例七　×××女鞋店

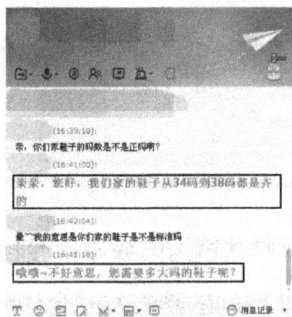

图 3-7　案例七　×××女装店

诊断：售前客服忽略了顾客主要想询问的问题，反而去回答顾客并不关心的问题，让顾客失去了谈话的耐性。

治疗：亲，我们家的鞋子都是标准尺码的，您平时穿多大码的鞋子，在我们店就买多大码的，您不用担心的。

案例八　×××首饰店

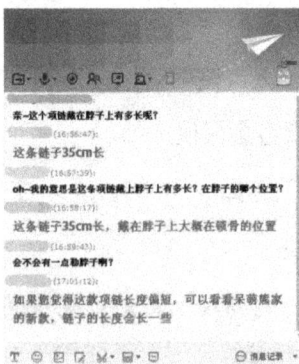

图 3-8　案例八　×××首饰店

诊断：售前客服始终抓不到顾客的疑惑点在哪里，回答得风马牛不相及，最后甚至忽略顾客的问题，开始介绍新商品，大多数顾客都会放弃继续与他交谈。

治疗：亲，这条链子长35cm，戴在脖子上大概在锁骨的位置，春天和秋天穿着厚薄适中的衣服时也能展现出来。

3.1.3 拒绝生硬

很多顾客喜欢在议价、包邮、送礼品、返现等环节和售前客服反复商讨。售前客服需要权衡其中的收益和支出，当顾客的要求没有办法一一满足时，就只能婉转地拒绝。但拒绝也是一门学问，下面的几个案例值得售前客服好好学习。

案例九　×××化妆品店

402513：我想买　　　那个洗面奶，亲，送什么小礼物
e:1：亲亲单笔订单满100元以上才可以送礼物的呢
402513：什么都不给呀
se:1：亲亲已经都是最低折扣了

图 3-9　案例九　×××化妆品店

诊断："才可以送" 听起来总是生硬了一点儿，可以换一种更委婉的语句。

治疗：亲亲，满100元就有机会获得小礼物哦！

案例十　×××书店

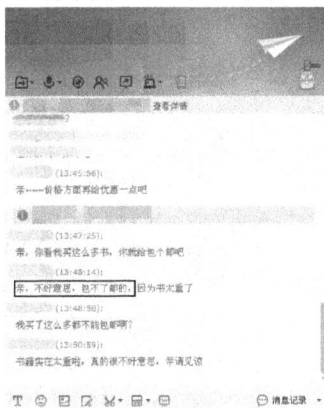

图 3-10　案例十　×××书店

诊断：售前客服的语气过于生硬，我们在拒绝顾客要求的时候，肯定有自己的原因，那么在向顾客解释的时候，最好把理由放在前面。

治疗：亲，图书的重量时常会超重的，超重的部分都由我们负责，亲只需要支付首重快递费，所以我们真的不能包邮啦，亲请体谅！

案例十一　×××女装店

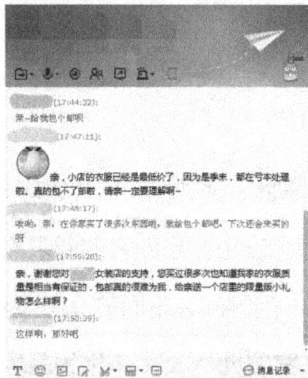

图3-11　案例十一　×××女装店

诊断：这是十分正确的策略，值得每一位售前客服学习。

策略分析：我们常常会遇见和我们议价、要求我们包邮的顾客，这并不是因为顾客缺钱或爱贪小便宜，顾客这样要求只是为了寻找一个心理平衡：别人买成 10 元，我买成 8 元还能包邮，换作是谁都会高兴的。所以我们一定要有自己的应对策略，如图 3-12 所示。

图3-12　应对顾客要求的策略

3.1.4　和顾客对立起来

售前客服在工作中一定要明白自己和顾客的关系，不仅是买与卖的销售服务关系，还是推荐分享的朋友关系。售前客服一旦与顾客建立起彼此信赖的朋友关系，销售商品就会变得得心应手，下面我们来看看两个和顾客对立起来的案例。

案例十二　×××化妆品店

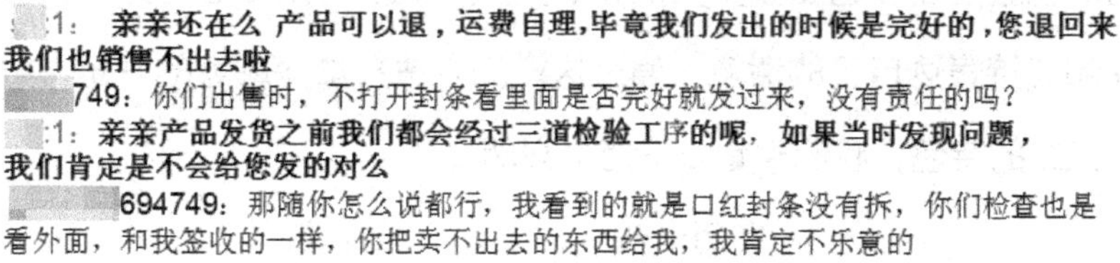

1：亲亲还在么 产品可以退，运费自理,毕竟我们发出的时候是完好的,您退回来我们也销售不出去啦

749：你们出售时，不打开封条看里面是否完好就发过来，没有责任的吗？

1：亲亲产品发货之前我们都会经过三道检验工序的呢，如果当时发现问题，我们肯定是不会给您发的对么

694749：那随你怎么说都行，我看到的就是口红封条没有拆，你们检查也是看外面，和我签收的一样，你把卖不出去的东西给我，我肯定不乐意的

图3-13　案例十二　×××化妆品店

诊断：出现问题时一句道歉也没有，这样一开始就和顾客对立起来，之后想要维护顾客就很难了。

治疗：亲，给您带来不便真的很抱歉，我们的商品在发货之前都会经过三道检验工序，您出现的情况我们会再次确认的，给您造成不便我们深感抱歉。

案例十三　×××话费充值店

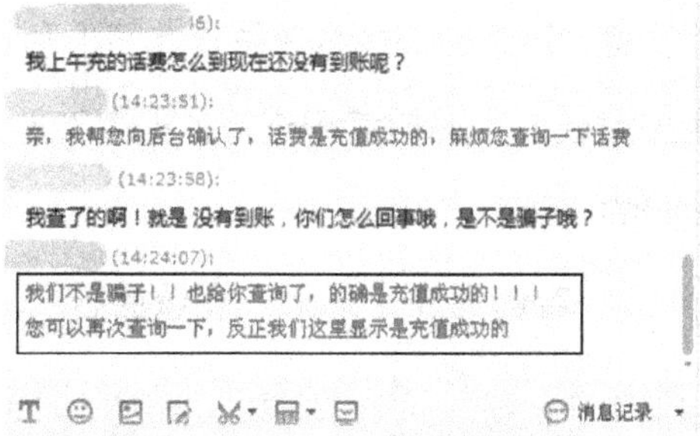

46):

我上午充的话费怎么到现在还没有到账呢？

(14:23:51):

亲，我帮您向后台确认，话费是充值成功的，麻烦您查询一下话费

(14:23:58):

我查了的啊！就是 没有到账，你们怎么回事哦，是不是骗子哦？

(14:24:07):

我们不是骗子！！也给你查询了,的确是充值成功的！！！您可以再次查询一下，反正我们这显示是充值成功的

图3-14　案例十三　×××话费充值店

诊断：面对顾客的质疑，一开始就和顾客对立起来，而不是耐心地解释劝导，这样的客服是非常不称职的。

治疗：亲，经过后台查询，您的充值是成功的，月初月末是充值高峰期，话费到账时间会有延迟，请耐心等待。我们店是在淘宝注册过的正规店铺哦，请亲放心选购商品。

⟳ 3.1.5 缺乏感恩之心

售前客服往往会遇到很多回头客的光顾，此时一定要心怀感恩，对顾客的信任和支持表达自己的谢意，通过这样的方法来加深顾客的好感，做出自己独一无二的特色，我们来看以下两个案例。

案例十四 ×××化妆品店

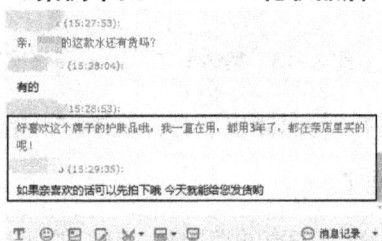

图 3-15 案例十四 ×××化妆品店

诊断：顾客说自己已经购买使用商品 3 年了，但售前客服对待老顾客竟然一句表扬、感谢都没有，对于维护顾客关系是非常不利的。

治疗：亲，感谢您对我们家的信赖和支持，您咨询的这款化妆水库存还有货呢，也是非常滋润的一款。

案例十五 ×××化妆品店

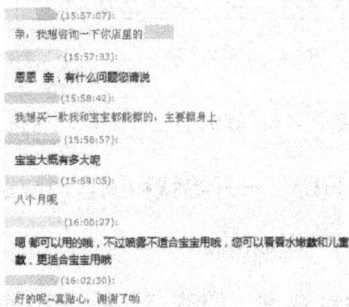

图 3-16 案例十五 ×××化妆品店

诊断：适当夸奖，然后提高客单价，注重专业化、贴心销售。

3.2 售前销售技巧和话术

如何才能将商品准确无误地推销给顾客？如何才能让顾客放心、开心地购物？与传统的客服相比，网店客服只能通过冰冷的键盘和空白的屏幕与顾客进行交流，这对于客服销售技巧的展示是一个不轻松的挑战。下面我们就一起来学习一下售前客服的销售技巧和话术。

3.2.1 推荐商品的技巧

相比于传统客服一对一的正面交流，网店客服的销售多了很多空间距离。对于看不见摸不着的商品，顾客为什么要去购买？作为与顾客沟通的第一桥梁，网店客服在商品的销售上起着不可忽视的关键性作用。下面我们就来探究一下售前客服在为顾客推荐商品时应该掌握的九大技巧，如图 3-17 所示。

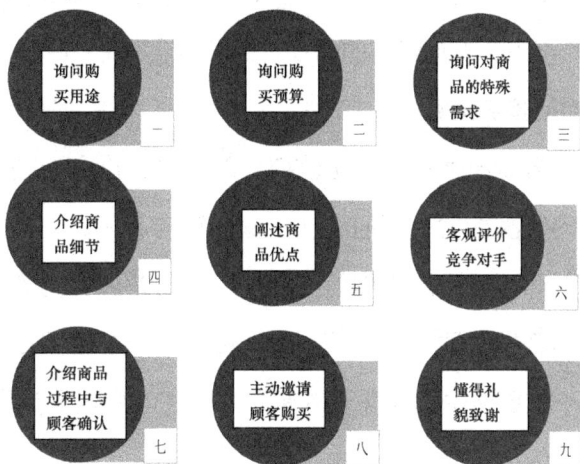

图3-17　售前客服九大销售技巧

技巧一：询问购买用途

顾客为什么要购买这样的商品？这是售前客服在推销自己商品时首先应该思考的问题。针对顾客购买商品的不同用途，售前客服推销的商品也是有区别的。如图 3-18 所示，我们以购买杯子为案例进行讲解。

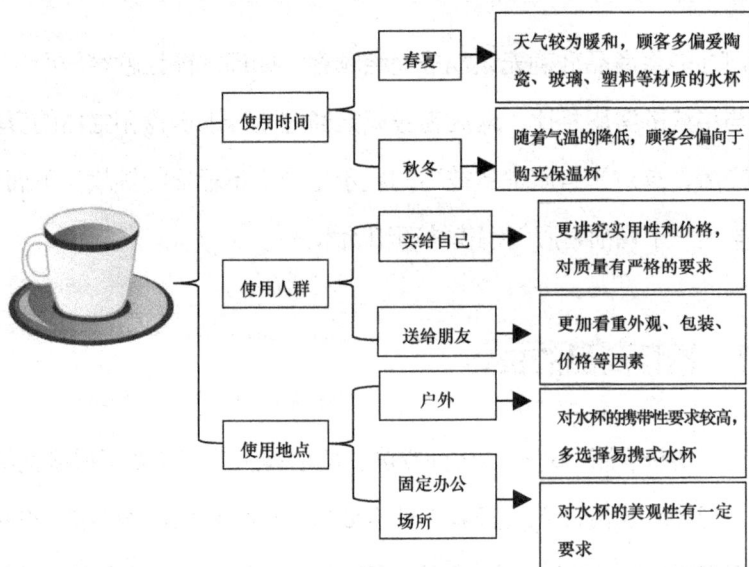

图3-18　顾客购买用途分类

根据顾客购买商品的用途不同，售前客服在进行推荐和销售的时候一定要注意顾客的侧重点，根据顾客的需求有针对性地推荐商品。

技巧二：询问购买预算

咨询顾客的购买预算是一个比较敏感的话题，这会让顾客觉得售前客服是在怀疑他的经济能力，不但不利于推荐销售商品，还会让顾客心里觉得不舒服，中断购买行为。但售前客服如果不清楚顾客的购买预算，很难有针对性地给顾客推荐适当价位的商品。因此，售前客服在询问顾客的购买预算的时候一定要遵循循序渐进的原则。顾客的购买预算分类如图 3-19 所示。

技巧三：询问对商品的特殊需求

顾客在产生购买欲望的同时，也会对自己想要购买的商品有一定的期望和要求，比如女性在购买衣服的时候，每个人的特殊需求是不一样的。如图 3-20 所示，有的人希望购买的衣服是名牌，有的人希望是纯棉材质的，有的人希望颜色和设计一定要与众不同。售前客服要根据顾客的特殊需求对要推荐的商品进行筛选。

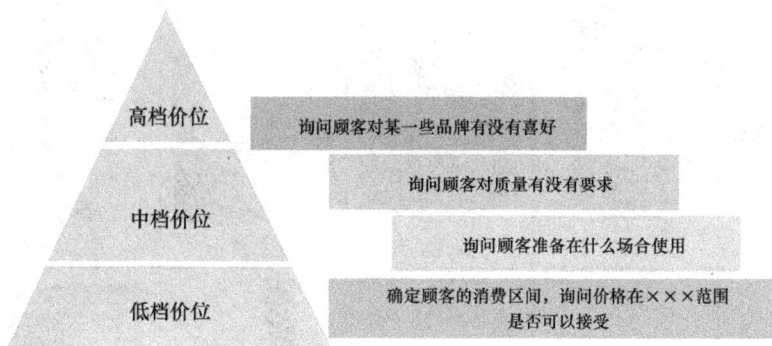

图3-19　顾客的购买预算分类

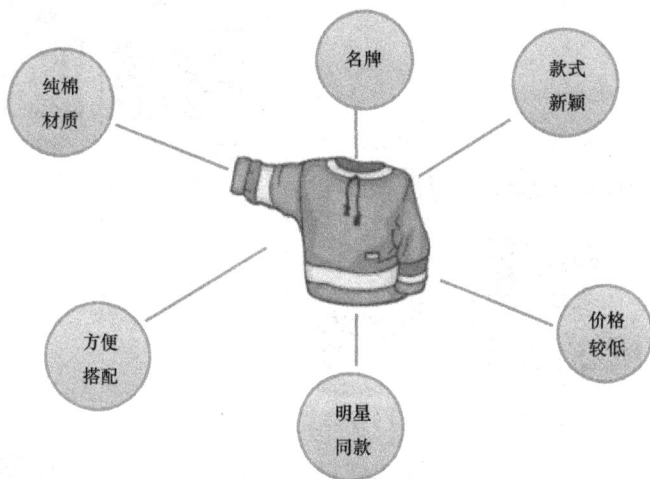

图3-20　顾客对商品的特殊需求

技巧四：介绍商品细节

售前客服在向顾客推荐商品的时候，难免会有顾客对商品的质量、价格、实物效果有所怀疑，这时便需要售前客服对商品细节进行展示来说服顾客，如表 3-1 所示。即便这些信息在商品的详情页中有介绍，但售前客服在推销商品时也不能忽视介绍商品的各项细节，这也考验了售前客服对商品是否熟悉。

表 3-1　某些商品的细节展示

商品类目	商品各项细节			
羽绒服	 上身效果	 接缝展示	 羽绒展示	 侧面效果
行李箱	 行李箱大小	 细节质量展示	 箱子承重能力展示	 箱子内部展示
保湿水	 保湿度测量	 保湿水的黏稠度	 瓶口细节	 正确的使用方法
皮鞋	 鞋子内里展示	 鞋底展示	 鞋带展示	 材质展示

技巧五：阐述商品优点

售前客服在销售商品时一定要重点突出商品的优点，而这些优点能给顾客带来哪些好处呢？漂亮的衣服可以美化外表，淡雅的香水味可以令人着迷，这些都是商品的优点带给顾客的好处。如图3-21所示，售前客服在向顾客介绍商品所能带来的好处时要重点介绍以下4个方面。

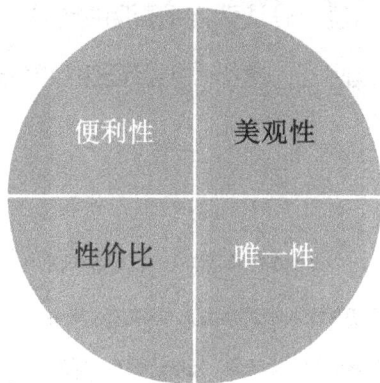

我们通过对男女购物心理的把握，知道大多数女性在购物时对美观性的关注会占很大的比例，而男性购物大多讲求方便实用。基于二者的特点，客服在对自己的商品全面把握的同时，还要站在顾客的角度去突出商品所能带来的好处，这样才能使销售更容易获得成功。

图3-21　商品带给顾客的部分好处

技巧六：客观评价竞争对手

随着电子商务的蓬勃发展，网上同类商品的竞争也愈发激烈，顾客在选购商品时难免对同类商品进行比较。如图3-22所示，售前客服在接待顾客时，经常会遇见一些顾客说："怎么那家的东西比你们家的便宜啊？""别人都包邮，你们怎么不包邮啊？""别人家都要送小礼品，你们怎么不送啊？"。那么售前客服在解答顾客疑虑的同时，千万不能诋毁、贬低竞争对手，一定要做出客观专业的解释。

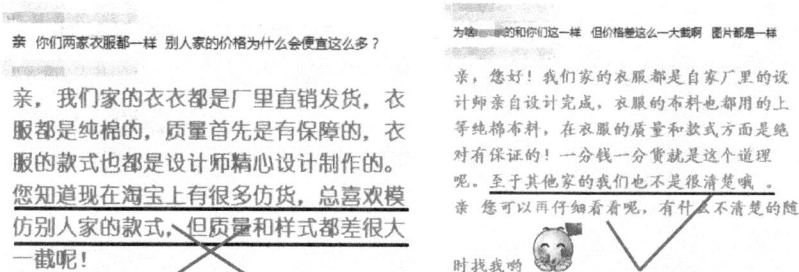

图3-22　售前客服聊天记录截图1

技巧七：介绍商品过程中与顾客确认

网店客服不能与顾客面对面进行销售，所以在推销商品时最忌讳的就是自己埋头介绍，完全不考虑顾客的感受。如图 3-23 所示，合格的售前客服在介绍商品的整个过程中要随时与顾客确认信息，确认顾客是否明白你在讲什么，是否还有什么不清楚的问题需要你继续解答，这样才能保证售前客服的信息传递是有效的。

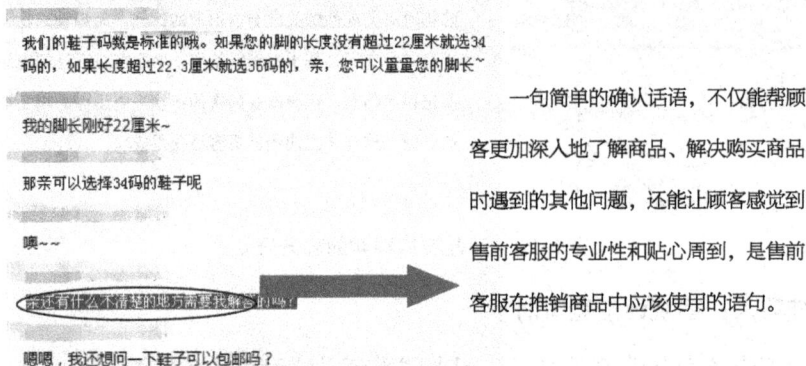

我们的鞋子码数是标准的哦。如果您的脚的长度没有超过22厘米就选34码的，如果长度超过22.3厘米就选35码的，亲，您可以量量您的脚长~

我的脚长刚好22厘米~

那亲可以选择34码的鞋子呢

噢~~

亲还有什么不清楚的地方需要我解答的吗？

嗯嗯，我还想问一下鞋子可以包邮吗？

一句简单的确认话语，不仅能帮顾客更加深入地了解商品、解决购买商品时遇到的其他问题，还能让顾客感觉到售前客服的专业性和贴心周到，是售前客服在推销商品中应该使用的语句。

图3-23　售前客服聊天记录截图2

技巧八：主动邀请顾客购买

如何让老顾客再次购买商品？售前客服的销售不能仅仅局限于将商品推销给新顾客，还应该更多地思考如何积攒回头客，这就是我们常说的售前客服主动邀请顾客购买商品。售前客服一般可以采取以下 3 种途径邀请顾客购买商品，如图 3-24 所示。我们在邀请顾客购买商品的邀请语言中可以适当插入"优惠""上新""大酬宾"等关键词，第一时间吸引顾客的眼球。

阿里旺旺　　　　　　　　手机短信　　　　　　　　电子邮箱

图3-24　邀请途径

主动邀请顾客购买的技巧并不仅仅用于回头客，售前客服还可以适时加入一些阿里旺旺群、QQ 群等推销自己的商品，主动出击，以获取客源。

技巧九：懂得礼貌致谢

在电子商务迅速发展的年代，顾客的选择十分多，所以很多时候我们会遇到一些尴尬的情况，比如顾客在某种商品有优惠活动前就已经购买了，但售前客服并不知情，仍在努力推销自己的商品，这会让顾客觉得很不耐烦，顾客在沟通时的态度也会稍显冷漠，如图 3-25 所示。这个时候售前客服要调整好自己的情绪，礼貌致谢，给顾客留下一个好印象，记住每一个你交流过的顾客都是你的潜在消费者。

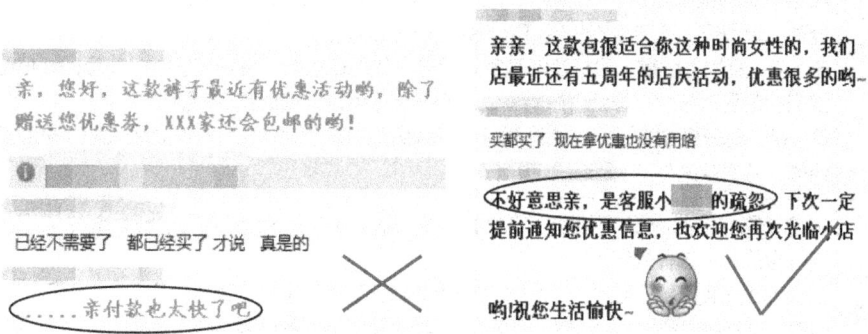

图3-25 售前客服聊天记录截图3

3.2.2 售前话术分类整理

繁重的工作量、大量的顾客咨询、顾客反复咨询相同的问题让售前客服身心疲惫。通过接待大量的顾客，我们发现其实顾客关心与咨询的问题并不是截然不同的，其中会有很多重复性问题。基于顾客咨询的这个特点，售前客服为了尽量减少自己的工作量，都会使用统一的销售话术。销售话术的统一不仅可以降低售前客服的工作难度，也可以形成规整性。下面我们统一整理了一些售前话术，希望对售前客服的销售有所帮助，如表 3-2 所示。

表3-2 售前话术

问候类	普通问候	A.我是客服××，为您播报今日活动：全场包邮，满300元送150元优惠券，更多优惠向亲们招手，详情请看…… 【问候中包含优惠活动的介绍】 B.亲，您好，欢迎光临××女装店，我是客服××，很高兴为您服务！ C.欢迎欢迎，热烈欢迎，我是客服××，有什么可以为您效劳的吗？
	个性化问候	A.亲爱的，您知道××的最高购物机密吗？4.23—4.26全场包邮，还有部分商品半价优惠哦，让××带您一起破解密码，去寻找神秘优惠券吧！ B.风吹起如花般破碎的流年，而你的笑容，成为我命途中最美丽的点缀，客服××欢迎您的到来。××选购，"周一新款+精品热卖+夏装经典"，更多惊喜向精灵们招手，详情请看首页。 C.好久不见了呀亲，最近的你可是越来越漂亮啦！××家的美衣也上新了不少，欢迎您前来选购哟！【问候中赞美顾客】
转接类		A.亲，真的很抱歉给您带来麻烦了，您的问题我将帮您转接到售后，以尽快帮您登记处理，请稍候。【转接不生硬可以避免加重售后纠纷】 B.亲，真的很抱歉，没能让您满意，请放心我现在就帮您转到售后客服并登记，相信我们的售后客服会帮您处理好的，请放心啊！【可以设置成快捷短语】 C.亲，现在咨询量过大，请亲边看详细介绍边等一下××，××会尽快蹦过来回答亲的，感谢亲的理解。
推荐类		A.亲选购的这款衣服可是我们家的爆款哟，您还可以看看这条裙子，搭配起来肯定会更好看的！【推荐搭配】 B.亲的眼光真不错，我个人也很喜欢您挑选的这款呢！【肯定顾客的选择】 C.亲，这是我们家刚上的新款，很多人都有来咨询哟，实物比照片看起来更好呢！
议价类		A.亲××是自产自销的女装，无论面料、做工、手感、外包装，都是严格按照高档精品的标准来做的，保证质量，中间没有乱七八糟的成本，价格已经是最实惠的了，没办法再少了哦。【真实报价，告知最低价】 B.另外我们的价格可能有点贵，但是我们商品的性价比高，衣服穿在您身上，给人的气质感觉是完全不一样的。大多数顾客选择我们的衣服都是冲着商品质量来的哦。 C.偷偷告诉亲，今天页面有藏满300元减50元的优惠券，快去找找吧，找到不要忘记告诉我，好帮亲推荐属于您的那瓶精油哦。【快乐销售类】 D.亲，咱是小店，薄利多销，我也做过市场价格调查的，我这样质量的衣服在淘宝上不多呢，你看我这个面料是……和别人的那种……面料是不一样的哦。【价值对比】 E.亲，我们家的商品质量可是很有保证的，俗话说"一分钱一分货"，您也可以对比一下其他店的商品，请你多多理解哦，需要的话请继续联系我哟，我叫××。 F.亲，这个本来就是促销价了，没有办法更便宜了，只要下单，以后无论是您或者是您朋友在我家购物，我们都会给予不同金额的优惠！

续表

催付类	A.亲，您是付款遇到问题了吗？需要××的帮忙吗？ B.亲，在下午4点之前拍下付款，快递小哥当天就能来拿货，您的包裹将以最快的速度投奔到您怀里！ C.亲，您拍下的这款商品今天正在大促销，赶紧拿下吧，错过今天可就恢复原价了呀。
订单确认类	A.亲，麻烦您确认一下订单信息是否正确哟，如果信息正确，××今天就能为您发货的。 B.亲，我已经看见您支付成功啦……收货地址和收件人姓名都是准确无误的吧？
包邮类	A.亲爱的，价格已经是该品牌的最优惠价格了哟，运费是快递公司收取的哟，实在不能包邮了哟，如果是包邮的活动，我们会设置卖家包邮的哟！ B.亲您好，不同的地区会收取不同的费用。运费是按照快递报价设置的哟，不接受运费的议价哈，您购物满158元就可以享受包邮的哦，或者亲看一下有没有更喜欢的其他款式哈。 C.亲，这款商品的重量已经超过快递首重，我们会垫付超出重量的快递费，希望您能理解，您下次再来购物，一定会给亲更多的优惠的，祝你购物愉快哟！ D.亲，很抱歉的，因为苏浙沪距离发货地很近，快递公司也有一定的发货包邮规定，抱歉您所在的地区没有办法包邮，但××也有小礼品送给您的，希望你能享受这次愉快的购物之旅。

第 4 章

售后客服工作流程

顾客对购买的商品有自己的满意度认识，一旦商品出现了问题，应该找谁处理呢？于是售后客服应运而生。售后客服的职责是解决因销售而产生的纠纷，有力地降低顾客的投诉率和店铺的纠纷率，并且着力于提高顾客的满意度。

售后客服是较为艰辛的工作，日常面对的大多是顾客的抱怨和指责。本章我们主要探讨售后客服流程的内容，熟悉售后客服的工作流程。学习售后客服工作流程的具体内容，有助于售后工作的顺利开展。

4.1 售后客服的基本思路

售后客服每天接触的都是一些让人头疼的售后问题，面对的都是心怀不满的顾客，处理的都是让人烦躁的抱怨和投诉，种种负面情绪充斥着售后客服的工作，售后客服的情绪难免会受到影响。可是作为一名专业的售后客服，必须有应对负面情绪的技能，同时要掌握售后客服的基本思路，工作起来才会得心应手，如图4-1所示。图4-2展示了售后客服工作流程。

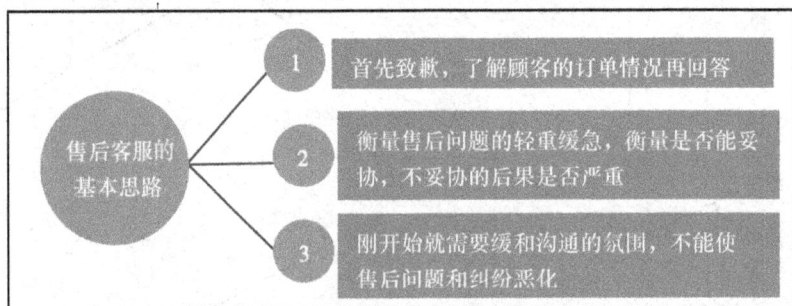

图4-1　售后客服的基本思路

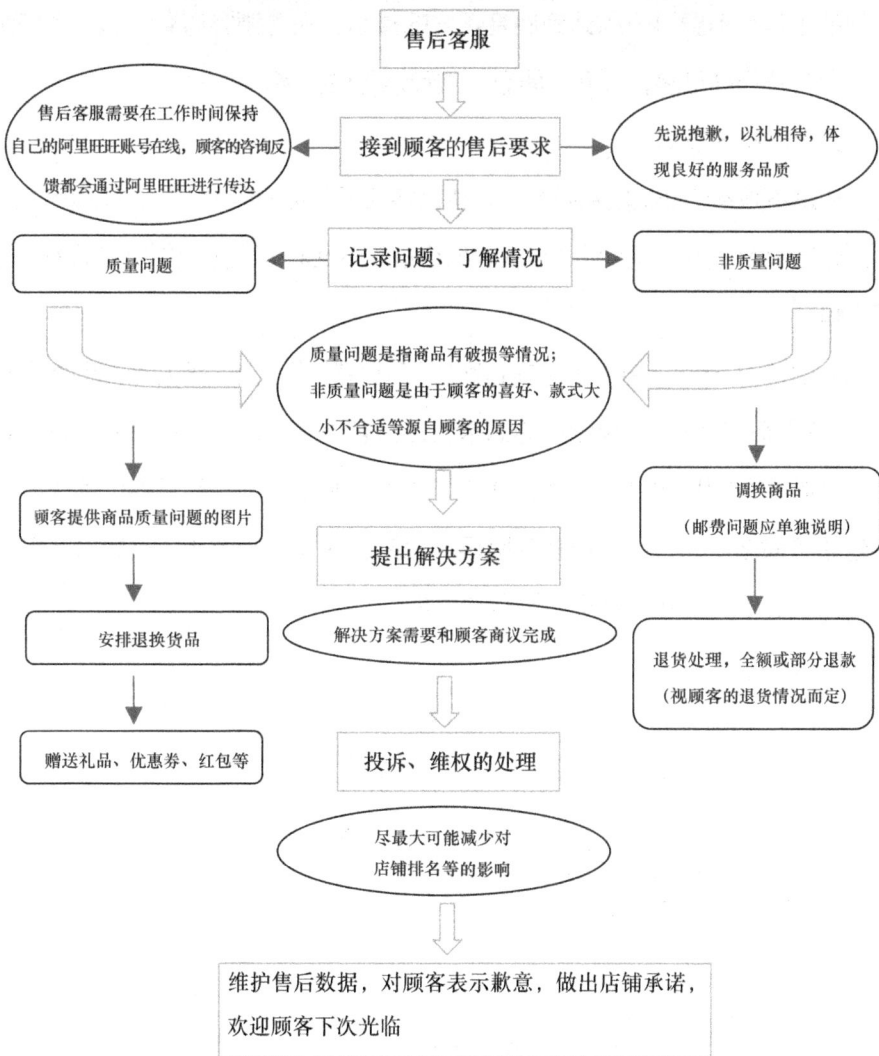

售后客服

接到顾客的售后要求

售后客服需要在工作时间保持自己的阿里旺旺账号在线，顾客的咨询反馈都会通过阿里旺旺进行传达

先说抱歉，以礼相待，体现良好的服务品质

记录问题、了解情况

质量问题

非质量问题

质量问题是指商品有破损等情况；非质量问题是由于顾客的喜好、款式大小不合适等源自顾客的原因

顾客提供商品质量问题的图片

提出解决方案

调换商品
（邮费问题应单独说明）

安排退换货品

解决方案需要和顾客商议完成

退货处理，全额或部分退款
（视顾客的退货情况而定）

赠送礼品、优惠券、红包等

投诉、维权的处理

尽最大可能减少对店铺排名等的影响

维护售后数据，对顾客表示歉意，做出店铺承诺，欢迎顾客下次光临

图4-2 售后客服工作流程

4.1.1 道歉

从心理层面来讲，道歉有着疗愈人心的作用，因而道歉对弥补对方的心理是非常有效的。而从售后角度来讲，多次道歉是售后客服面对顾客时首先要做的工作，不要过于纠结到底是哪方的过错，先向顾客道歉，总能多多少少让顾客获得满足感，进而才能心平气和地与你交谈。

道歉时机的掌握

道歉不是不分时机的盲目行为，售后客服要掌握道歉的时机，知道什么时候给顾客道歉，向顾客道歉多少次较为合适。下面我们通过案例对道歉时机进行讲解。

如图4-3所示，售后客服在首次回答顾客的问题时，因为深知顾客多对商品不满意，所以使用承诺性的话术，让顾客不必烦恼；接着在弄清顾客找售后客服的原因后便立即道歉，并询问具体的使用细则；而顾客的回答中依旧透露了愤怒情绪，所以售后客服再次道歉。这样的道歉方式让顾客感到自己受到了尊重与重视，对谈话的推进是有帮助的。

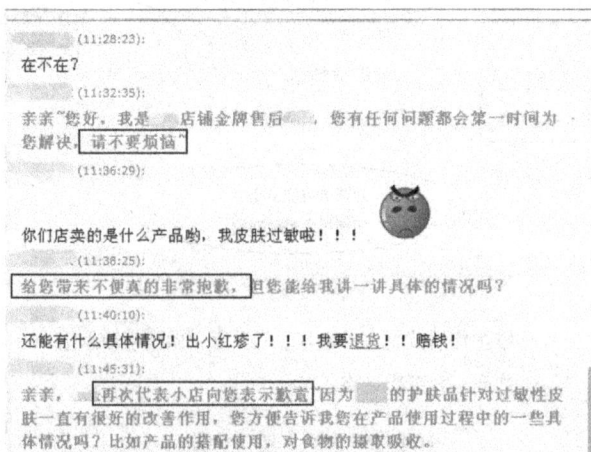

图4-3　案例展示1

道歉内容的编辑

面对怒气冲冲的顾客，售后客服要懂得倾听顾客的烦恼和抱怨，并在顾客抱怨时清楚地表达自己已经知晓这个问题的存在；紧接着用专业术语耐心地安抚顾客，将沟通调至较为和谐的状态。那么，道歉内容的编辑就十分重要了，如表4-1所示。如果道歉内容编辑得不妥当，不仅不能得到顾客的原谅，还会让事情变得更为棘手。

表4-1 道歉内容的编辑

耐心倾听	A.好的，我明白了； B.我明白您的意思了； C.×××先生/小姐，我非常理解您现在的心情； D.您的问题我已经详细记录下来了，也非常理解您的心情
平息怒气	A.真的非常抱歉，请您原谅； B.对不起，给您造成不便是我们的责任，还请您见谅； C.×××先生/小姐，听到您反馈的这件事，我也觉得非常抱歉，让您的购买体验不愉快； D.发生这件事情，我真的觉得十分抱歉，是我们的失职，但我们会尽力补救的，让我们共同解决这个问题

4.1.2 衡量售后问题的轻重缓急

任何事情都是有轻重缓急之分的，淘宝售后问题也不例外。售后客服每天会接到很多待处理的售后问题，但应该按怎样的顺序处理这些问题才能最大限度地保证店铺的利益呢？

如图4-4所示，售后问题的种类是相当繁多的，包括退款问题、质量问题、物流问题、差评问题、投诉问题、维权问题等。售后客服要善于区分这些问题的轻重缓急，这样售后客服在处理这些问题时才能有条不紊。

我们如何区分售后问题的轻重缓急？我们以物流问题和差评问题为例进行讲解。首先看由问题导致的结果的严重性。物流问题是指快递发出后，顾客久久未收到商品，而这时顾客往往会认为责任在店铺。对于买卖双方而言，物流问题都是让人头疼的，而快递公司掌握着商品送达速度的"决定权"。这个问题如果处理不当，会造成顾客的不满，店铺不仅会有收到差评、投诉的可能，还可能会永久地失去这位顾客。我们再来看看差评的恶劣影响。差评是指顾客因商品的质量、客服的服务、物流的速度等诸多原因给商品一个不好的评价，而这样的评价将直接影响店铺的动态评分和累积信用，让店铺在同类商品中的排名下降。这不仅会使店铺损失当前这位顾客，还会让店铺损失许多潜在顾客，对整个店铺的发展十分不利。所以从结果的严重性来讲，差评问题比物流问题紧急很多，二者在同一时间发生时要优先处理差评问题。其实我们还需要考虑顾客对这一问题的紧急性和迫切性，要时时刻刻站在顾客的角度去考虑问题，给予顾客高质量的售后服务。

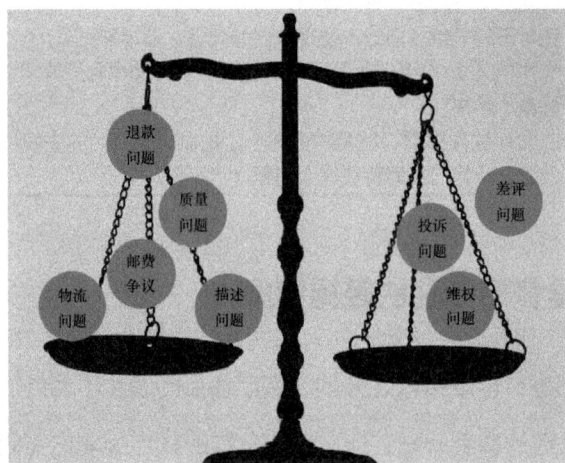

图4-4　衡量售后问题的轻重缓急

4.1.3　缓和沟通氛围

面对怒气冲冲的顾客，售后客服切忌硬碰硬，要力图使得双方的对话氛围有利于双方沟通，有利于解决问题。如图4-5所示，我们从以下4个方面对缓和沟通氛围的方法进行讲解。

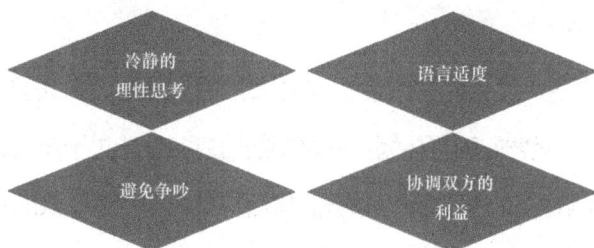

图4-5 缓和沟通氛围的4个方面

冷静的理性思考

在售后客服与顾客的沟通中，很多时候顾客会脱离客观实际，盲目地坚持自己的主观立场，甚至忘记了自己的出发点是什么，从而引起不必要的矛盾。双方互不相让，当矛盾激化到一定程度的时候即形成了僵局。售后客服在处理僵局时，要能防止和克服因对方情绪过激所带来的干扰。一名优秀的售后客服必须具备头脑冷静、心平气和的沟通素养，冷静思考，理清头绪，正确分析出现的问题，设法建立一项客观的准则，即让双方都认为是公平的、易于实行的办事原则、程序或衡量事物的标准，充分考虑到双方的潜在利益，从而理智地克服一味地希望通过坚持自己的立场来"赢"得利益的做法。如图 4-6 所示，顾客拒绝听取售后客服的解释，一味希望满足自身的利益，而售后客服没有因他的刁难而放弃自己的立场。

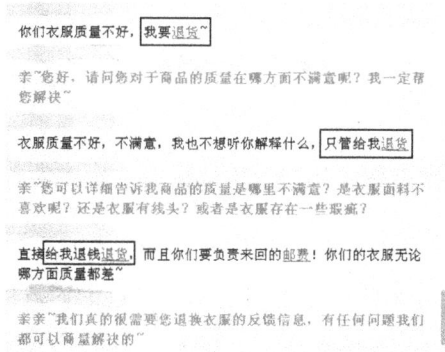

图4-6 案例展示2

语言适度

说怎么样的话？怎么样去说话？这是在售后沟通时十分重要的两个方面。语言适度指售后客服要向顾客传播一些必要的信息，不能过于拖沓，严格注意自己说话时的语气和态度，同时积极倾听。售后客服在与顾客交谈时禁止多次重复催促，显得很没有耐心，这样不但不能促进沟通，对于解决问题也无济于事。

避免争吵

首先，售后客服要意识到顾客不悦的心情，甚至有顾客会喋喋不休、恶语伤人，当售后客服有这样的意识之后，无论遇到多么无理的顾客也不会惊讶了。其次，售后客服在回答顾客的问题时一定要注意礼貌，回答尽量有针对性，不能过多地维护自己的利益，更不可不认账，要多站在顾客的角度去考虑问题，不能因为对方傲慢无礼的态度而改变自己的本心，更不能"以彼之道，还施彼身"，尽可能避免和顾客争吵。切不可出现如图4-7所示的因规避责任而引起更大的争吵和纠纷的情况。

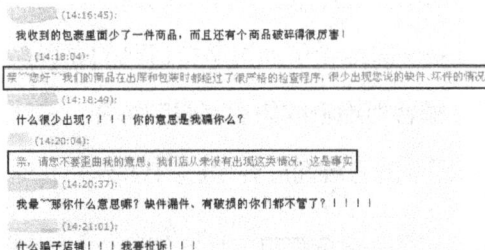

图4-7　案例展示3

协调双方的利益

售后客服有一个很重要的作用，也是售后工作最核心的内容，那就是拿出最佳的方案，解决和顾客之间的纠纷。那么，售后客服在解决和顾客之间的纠纷时，一定不能片面地只考虑自己的利益，而应该以顾客的利益为主，兼顾自己的利益，协调双方的利益，尽可能完善解决方案。

我们以某一店铺的退货退款为例进行讲解。按照这家店铺的规定，顾客在收到商品后，若商品无质量问题，而顾客需要退换货品，则需要由顾客承担往返的邮寄费用。某顾客在收到了这家店铺的裤子之后，发现裤子偏小，于是找到售后客服要求换大一码的裤子，当得知往返的邮费都需要自己支付时，顾客十分生气，认为这是售前客服没有告诉自己准确的尺码造成的，而退换货还增加了自己的麻烦。下面是两位不同的售后客服处理这件事的方法，如图4-8所示。售后客服提出的解决方案是否能让顾客接受，很大程度上要看售后客服是否站在顾客的角度去思考、协调双方的利益。

图4-8 案例展示4

4.2 普通售后处理

我们这里讲的普通售后处理是指在正常交易下，顾客由于某些主客观原因对商品或服务表示不满，但愿意用沟通协调的方式去解决的售后处理。普通售后处理是售后客服每天做得最频繁的工作，也是售后客服的主要工作之一。图4-9所示即为常见的普通售后处理。

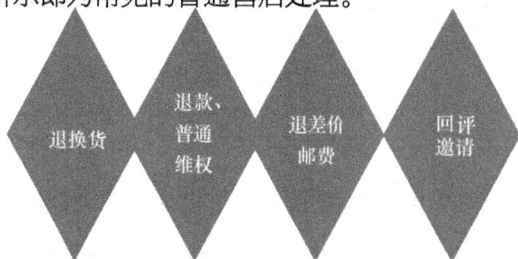

图4-9 普通售后处理

4.2.1 退换货

退换货说明

退换货是指顾客在收到商品后对商品的大小、颜色、款式等不满意，要求店铺在不低于原价格的基础上退换商品，分为同款退换和不同款退换。这在商品的详情页中必须有所说明，尤其要有运费方面的说明。图 4-10 所示是某服装店铺关于退换货的说明。

关于退换货 | ABOUT RETURN

店铺支持七天无理由退换货（按商品签收之日算起），高端款、定制款、贴身衣物暂不支持退换！

退换货须知：

■ 请您保持商品全新的没有穿过、洗过，保证吊牌齐全，没有喷过香水，不影响二次销售。

■ 请您在收到商品七日内（自签收之日起计算），联系客服作退换处理，逾期一律不处理，谢谢理解！

■ 购买时享受折扣和或优惠的买家，在退货后在达不到之前的优惠标准下，退款时需要扣除之前的优惠金额。

■ 购买有附赠品的商品，需要退回时，请务必将赠品一同寄回，并保证商品的完好，否则将扣除一定的金额。

■ 退回的商品请填写您的旺旺号码（ID）及原因与商品一共寄回，请用普通快递寄回，本店拒收平邮及所有到付件。

■ 如出现以下情况店铺无法为您提供退换货服务：

因个人故意损坏商品的；

已使用过的商品、试穿产生损坏或变形的商品；

买家进行修改过的商品或经洗涤过、有香水味的商品；

原单包装，已拆封的贴身内衣裤、背心及袜子等，为了您与他人的健康着想，不提供退换服务；

包裹破损的情况下，买家在快递人员送货上门时未清点商品数量及查看商品是否有受损情况而直接签收的；

赠送物品不参与售后服务范围。

■ 退换货运费说明：

退换货原因	换款		退款	备注
	退回运费支付方	寄出运费支付方	退回运费支付方	
错发商品/缺少配件	MIANYANGER	MIANYANGER	买家	
商品质量问题	MIANYANGER	MIANYANGER	买家	
色差\线头等非质量问题	买家	买家	买家	
不喜欢\尺码不适合	买家	买家	买家	

PS: 对于运费由MIANYANGER承担的，请您先垫付运费（请使用中通、圆通或经济快递），到付件一律拒收！您可以在告知我们单号时申请运费的退款或是留下您的支付宝号码及运费金额，我们将于收到退件后三个工作日内处理！商品在售状态下，买家因商品质量问题退货，需要买家承担寄回来的运费，如商品已下架，买家可换其他款或申请退款，寄回来的运费由MIANYANGER承担！

温馨提醒/Reminder: 所有商品在发出时如需退货请在签收之日起七日内于我们联系，不能影响二次销售。如果有任何使用过的痕迹无论什么理由都将不退不换。所以请您收货后先别急着洗急着穿，先检查下有无质量问题，有质量问题请及时联系客服。这样才能保证大家的利益不受损失，如果退品有质量问题我们可以和厂家换新，但是如果穿过洗过有香水味的话厂家是不会给我们换的。 谢谢大家的理解和配合。

图4-10 退换货的说明

退换货原则

根据淘宝对退换货争议的规定，退换货时卖家需要遵循以下原则。

（1）如果卖家未在规定时间内提供退货地址，或者提供错误的退货地址导致买家无法退货或发回商品后无法送达的，或者买家根据协议约定操作退货后，卖家无正当理由拒绝签收商品的，交易做退款处理，退货运费由卖家承担。如卖家需要取回商品的，应当与买家另行协商或通过其他途径解决，淘宝不予处理。

（2）买卖双方达成退货退款协议或淘宝做出退货退款处理的交易，商品退回至卖家的退货地址后，淘宝有权退款给买家。

（3）买卖双方达成换货协议后，如卖家收到买家退回的商品后逾期发货，淘宝有权退款给买家。

（4）如果是跨境交易且最终确定为退货退款处理，若由于卖家的原因导致买家无法退货，则交易做不退货退款处理。

（5）如买家未根据协议约定或淘宝规定时间操作退货的，交易做打款处理。交易款项支付给卖家后，买家再次要求退货时，应当与卖家另行协商或通过其他途径解决，淘宝不予处理。

（6）如商品在退货过程中损毁，在商品退回买家或买家无理由拒签后，交易做打款处理。

退换货凭证

顾客在退换货时，卖家对顾客退回的商品存在争议的，卖家需要向顾客提供相应的凭证，常见的凭证有关于退换货问题协商一致的阿里旺旺聊天记录截图、物流公司出具的收到货有问题的公章证明（如图4-11所示），以及换货发出的快递单。

售后客服在和顾客沟通协调一致后，在处理顾客正常的退换货申请时，一定要看清顾客退换货的原因，并确认是否已经达成协议，并在规定的时间内同意申请，再将相关的信息发送至发货仓库。在收到顾客退回的商品，确认商品不影响第二次销售后，售后客服再寄出调换的商品。

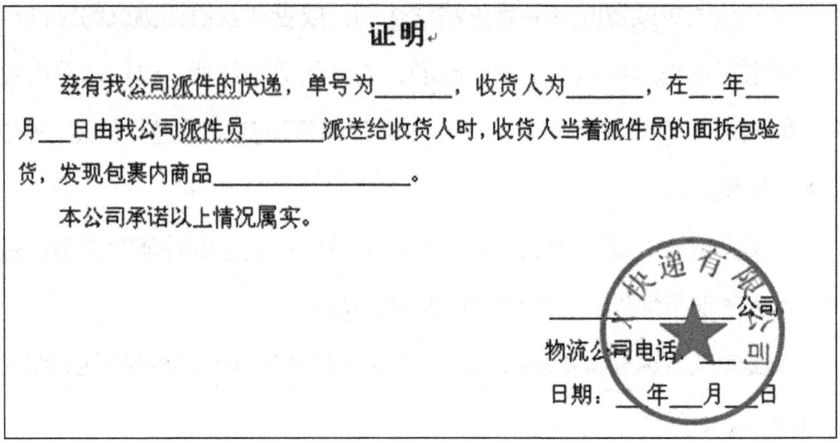

证明

兹有我公司派件的快递，单号为_______，收货人为_______，在___年___月___日由我公司派件员_______派送给收货人时，收货人当着派件员的面拆包验货，发现包裹内商品_________________。

本公司承诺以上情况属实。

_____________公司

物流公司电话：_____

日期：___年___月___日

图4-11　物流公司出具的证明

4.2.2 退款、普通维权

在认识退款处理、普通维权处理之前，我们先来了解退款和普通维权这两个概念。退款是指卖家发出商品后，顾客在收到或未收到商品时，对商品感到不满意，要求店铺退还所消费的金额，同时自己也会将商品退回店铺。普通维权是指交易进行中，顾客遇到收到的货物有质量问题、与描述不一致或是在卖家发货后没有收到货等情况，可以要求淘宝介入，进行维权处理。

退款处理

根据淘宝对卖家提供的退款处理办法，我们将退款问题分为 6 类，并针对每类问题给出了相应的卖家处理办法及后续建议，如表 4-2 所示。

表4-2　6类退款问题的处理方法及后续建议

常见问题	卖家处理办法	后续建议
收到的商品出现破损、少件等肉眼可见的问题	a.联系买家提供实物照片，确认商品情况； b.向物流公司核实是谁签收； c.如果不是买家本人签收，且没有买家的授权，建议买家直接操作退款并联系物流公司协商索赔，避免与买家产生误会	a.发货前的质检要严格到位； b.委托服务的品质要高，尤其是签收操作规范的物流公司； c.提前约定送货过程中的商品破损、丢件等损失由谁承担
描述不符	a.核实商品的描述是否有歧义或有让人误解的地方； b.核实是否发错商品； c.如果是描述有误或发错商品，可以直接与买家协商解决（如退货退款、部分退款、换货等），避免与买家产生误会	a.确保商品的描述内容通俗易懂，避免产生误解； b.确保发出的商品与买家购买的商品保持一致
质量问题	a.联系买家提供实物图片等，确认问题是否属实； b.核实进货时的商品是否合格； c.如果确认商品问题或无法说明商品是否合格，可以直接与买家协商解决（如退货退款、部分退款、换货等），避免与买家产生误会	a.选择好的商品进货来源； b.进货后保留好相应的进货凭证
收到假货	a.核实供应商是否具备相应资质； b.如果无法确认供应商的相应资质，可以直接联系买家协商退货退款，避免与买家产生误会	a.选择有品牌经营权的供应商进货； b.进货后保留好相应的进货凭证或授权书
退运费	a.核实发货单上填写的运费是否少于订单中的运费； b.如果有误，将超出部分的资金退回给买家，避免与买家产生误会	邮费的模板需及时更新，有特殊情况的，需及时在阿里旺旺中告知买家
发票无效	a.联系买家提供发票图片确认是否发错； b.核实发票来源是否合法； c.如果发票发错或无法确认来源是否合法，可以直接与买家协商解决（如补发、退货退款等），避免与买家产生误会	a.规范发票的领取和使用； b.发货的时候要确保和买家的约定一致

　　以上是淘宝常见的6类退款问题及其常见的处理办法，售后客服要根据不同的退款问题选择相应的解决办法，提出让双方都满意的方案。

普通维权处理

　　普通维权是指买卖双方在淘宝网上成交后，买家收到的商品与卖家发布该商品信息时的描述存在不符，当买家自己找卖家无法获得售后保障时，可以通过该维权入口向淘宝发起维权，如图 4-12 所示。

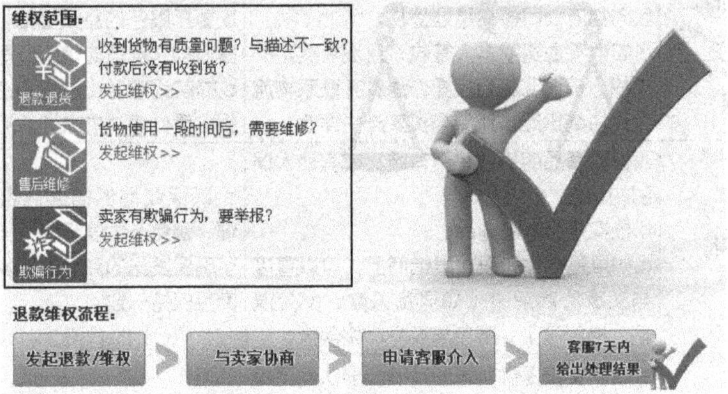

图4-12　普通维权处理

售后客服要时时对维权信息进行查询，根据淘宝的规定，卖家有 5 天（实物）或 3 天（虚拟商品）的时间与买家协商处理，并在此期间对维权进行响应，所以维权的处理一定要及时。图 4-13 所示是卖家淘宝后台对维权的查询页面，售后客服可以在卖家中心—顾客服务—维权管理中查询维权请求。被维权方需要在淘宝规定的时间内与买家取得联系，达成协议，解决买家所困惑的问题。根据淘宝的规定，被维权方是无权取消维权的，只有维权方取消退款申请才能结束维权。

如果售后客服不能妥善处理和顾客之间的纠纷，维权没有在规定时间内取消，这时淘宝就会介入这次纠纷，判定维权成立。淘宝的介入会给店铺造成很大的影响。首先，维权处理会影响卖家的纠纷退款率。淘宝介入后，会判定维权成立，从而会影响卖家的纠纷退款率，而纠纷退款率 = 纠纷退款笔数 / 支付宝成交笔数。纠纷退款率一旦高于同类店铺的平均值，就可能导致卖家店铺内的全部商品在单一维度搜索时默认不展示、消费者保证金（简称消保保证金）翻倍、直通车暂停 14 天等严重的后果。其次，维权处理会涉及店铺的相关处罚。淘宝介入且核实商品存在问题的，将给予店铺相应的扣分处罚。如累计扣分达到 12 分，店铺会面临被屏蔽、限制发布商品及公示警告的危险。

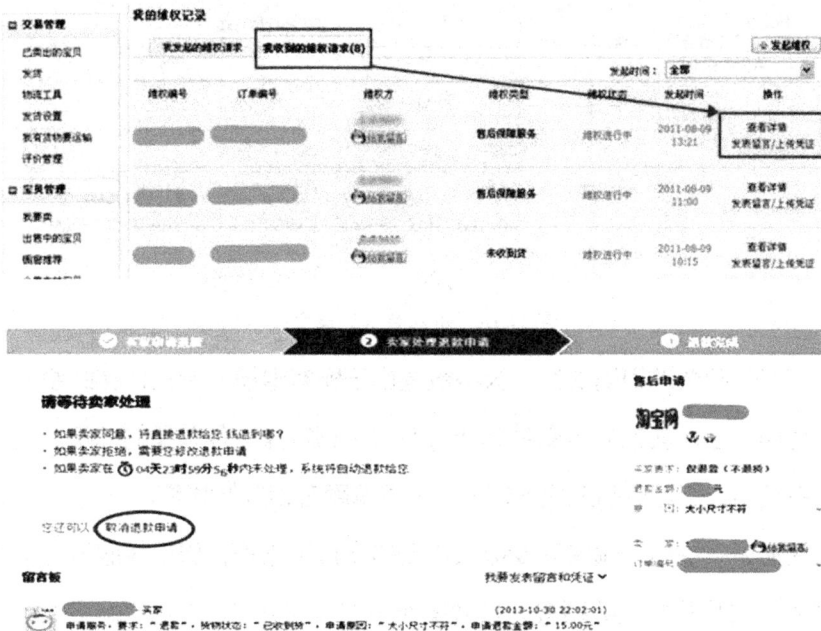

图4-13 维权处理查询和处理

因此，对于普通维权问题，售后客服一定要在规定时间内积极响应处理，否则普通维权会变得十分棘手，甚至成为点燃店铺危机的导火索。

4.2.3 退差价、邮费

退差价是由于顾客在购买了商品之后的较短时间内，卖家降低了该商品的价格，顾客可以和售后客服商量退返差价。当然，对于商品的返差价，淘宝没有硬性的规定，顾客需要和售后客服进行商量。下面我们以购买机票为例来讲解退差价的一些规定。

如果顾客购买了机票，卖家进行了改签，但改签后的机票与自己在网上预订的机票是有差价的，顾客可以通过阿里旺旺或者电话联系卖家，让卖家退差价。退差价的处理方式如图 4-14 所示，顾客最好能够告知卖家其支付宝账号，方便卖家进行赔付；若卖家不配合处理，顾客可以提交投诉。

网上预订机票的行程单提示的是否为等额行程单	买家是否有乘机	差价的处理方式	
		买家	卖家
否	没有	不支持差价赔付	无
	有		
是	没有	方案一：获得差价赔付	赔付差价给买家
		方案二：不获得差价赔付，卖家重新按照预定的金额重新出票	不赔付差价给买家，需要按照买家原有预定的金额重新出票，出票出现的损失由卖家承担
	有	获得差价赔付	赔付差价给买家

图4-14 机票差价处理方式

而对于邮费的退返情况，大多数是由于顾客退换了商品，在邮费方面和卖家协商之后，卖家同意支付邮费，但需由顾客先支付单程的邮费。在卖家收到商品后，保证商品无损的情况下再退返顾客相应的邮费。

在退返邮费时，顾客需要提供自己的支付宝账号，售后客服通过支付宝转账的方式将邮费退给顾客，具体操作步骤如图 4-15 所示。顾客也可以直接单击退款选项，规范填写需要退返的邮费，卖家同意即可，但这样的方式会增加店铺的退款率。

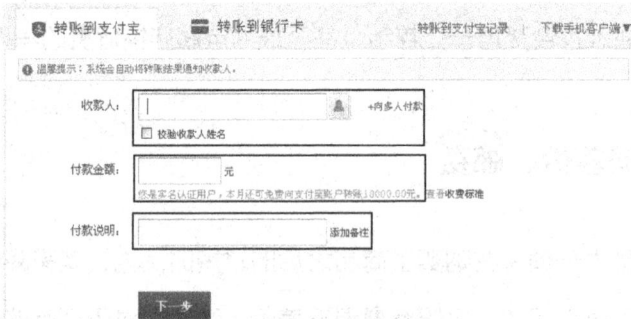

图4-15 退返邮费步骤

4.2.4 回评邀请

交易完成之后，售后客服需要主动给顾客回以好评，并回复一些相关的好评术语，对顾客的光临表示欢迎，如图 4-16 所示。当然现在也有许多第三方软件可以在交易完成后自动进行评价，以减轻售后客服的工作量。

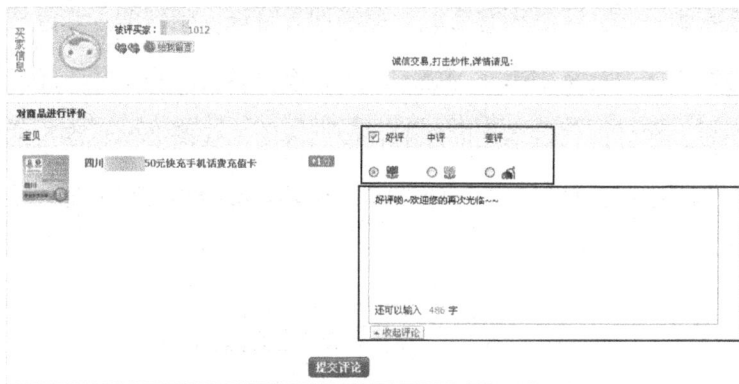

图4-16　好评界面

售后客服在对顾客进行评价之后，需要主动邀请顾客回评，这样既可以尽快完成交易，也能提升店铺的信誉等级。最重要的是，顾客的这些评价真真切切地影响着之后的消费者的抉择。这些评价比起售后客服的一大堆解释可能更有参考性，所以是十分重要的。

售后客服在邀请回评时要掌握一定的技巧，不能使用强制性的语言，毕竟是有求于人，所以态度尽量温和一些，在适当的时候可以采用有吸引力的优惠信息，如图 4-17 所示。

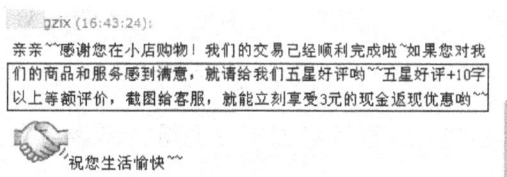

图4-17　回评邀请

4.3　特殊售后处理

我们这里讲的特殊售后处理就是相对棘手一点儿的售后处理了，这类售后处理通常涉及投诉、维权、退款纠纷、中差评、与仓库的其他客服的交接等方面，如图4-18所示。并且有的顾客较为执拗，售后客服与这类顾客沟通起来会麻烦一些。这类顾客可能会拒绝他人解释，强行要求卖家按照自己的预想方案实施，几乎很少有回旋的余地，但售后客服也不能不顾店铺的利益一味让步。在处理特殊售后问题时，售后客服不仅需要熟悉淘宝的售后规则，还要与给出差评的顾客充分沟通，尽自己最大的努力去化解店铺的危机。

图4-18　特殊售后处理的内容

4.3.1　严重投诉、维权

严重投诉、维权具体是指商品存在的争议较大，而双方的争议点依然集中在发货、到货、换货、退款、退差价、转账到账等问题上。但这些问题相对普通维权更为棘手，大多苦于无证据，"公说公有理，婆说婆有理"，再加上售后客服与顾客的沟通不尽顺畅，顾客会有诸多不满，更愿意让淘宝介入问题的调查。一旦投诉、维权成立，店铺将面临严重的处罚。

售后客服每天上班的第一件事就是看有没有严重投诉、维权订单。严重投诉、维权订单一般指顾客要求淘宝介入售后处理的订单，售后客服最重要的工作就是第一时间解决售后投诉，以免店铺产生被处罚的风险。售后客服在处理严重投诉、维权时一定要注意对时间的把握，所有投诉必须在3个工作日之内让顾客撤销维权，严格执行半小时跟进制度，以最快速度解决投诉、维权。图4-19所示为售后客服查看投诉、维权的后台页面。

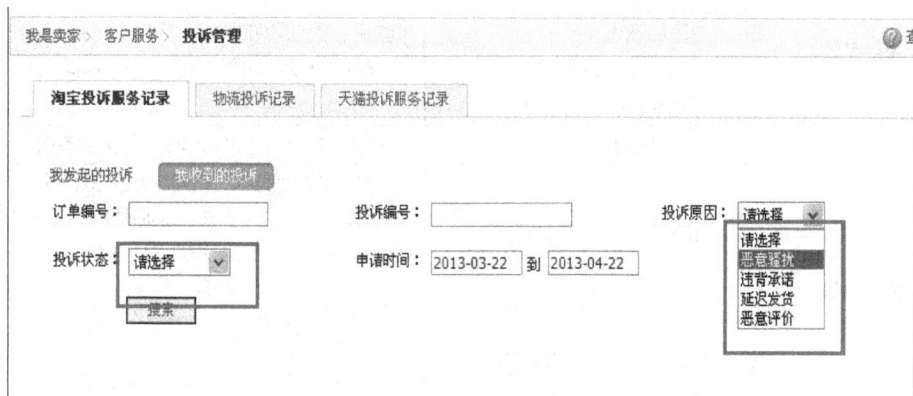

图4-19 售后客服查看投诉、维权的后台页面

恶意骚扰是指卖家在交易中或交易后采取恶劣手段骚扰买家，妨害买家的购买权益的行为。买家可发起恶意骚扰维权，若维权成立，店铺每次被扣12分；情节严重的，视为严重违规行为，每次被扣48分。

违背承诺是指卖家拒绝向买家提供其所承诺的各项服务，包括交易违反支付宝交易流程、拒绝使用信用卡付款、未按成交价格进行交易及其他一切卖家做出承诺却没有做到的情况等。

延迟发货是指卖家未在买家付款后72小时内发货，或对于定制、预售及其他特殊情形等另行约定发货时间的商品，卖家未在约定时间内发货，妨害买家的购买权益的行为。卖家的发货时间以快递公司系统内记录的时间为准。延迟发货的卖家需向买家支付该商品实际成交金额的30%（金额最高不超过500元）作为违约金，该违约金将以天猫积分的形式进行支付。

售后客服在处理这类严重投诉、维权时，要注意衡量该投诉、维权给店铺所带来的风险与满足顾客要求所带来的损失这两者的轻重，了解淘宝处理争议的范围（如表4-3所示），以最大限度减少店铺的损失。

表4-3　淘宝处理争议的范围

争议类型	争议原因	申请淘宝处理争议条件
售中争议	未收到商品	付款后，确认收获前或在淘宝系统提示的超时打款的时限内提出退款申请
	商品表面不一致	
	商品与描述不符	
	商品存在质量问题	
售后争议	假冒商品	在交易成功后的90天内提出退款申请
	虚拟商品未收到货	在交易成功后的15天内提出退款申请，虚拟商品使用期限短于该期限的，买家应当在虚拟商品的使用期限内提出退款申请
	描述不符	在交易成功后的15天内提出退款申请
	享受"三包规定"保障的商品产生的保障范围内的争议	在交易成功后的90天内提出售后申请
	类目对售后争议处理有特殊规定的	依照类目的特殊规定

4.3.2　严重退款纠纷

我们这里讲的严重退款纠纷与前面讲的普通退款纠纷的性质是不同的。严重退款纠纷有一个最明显的特点，就是买家在申请退款之后，要求淘宝介入（如图4-20所示）。当淘宝介入之后，无论是怎么样的判决，都会产生退款纠纷，严重退款纠纷还会影响店铺的纠纷退款率并产生相关的处罚。

（1）影响卖家纠纷退款率，从而导致卖家店铺内的全部商品在单一维度搜索时默认不展示、消保保证金翻倍、直通车暂停14天等情况。

淘宝根据卖家的好评率、店铺评分、退款率及纠纷退款率等，将限制低于淘宝指定标准的卖家参加营销活动，且给予全店商品在单一维度搜索时默认不展示的处罚。

根据淘宝的硬性规定，卖家自淘宝检查时起前一个月内的纠纷退款率需要符合淘宝的规定，否则将被采取暂停淘宝直通车软件服务14天的处理。

例如手机、平板电脑、相机类目的店铺纠纷退款率应小于 0.2%，女鞋类目的店铺纠纷退款率应小于 0.1%，女装类目的店铺纠纷退款率应小于 0.3%。

图4-20 要求淘宝介入

淘宝集市发布的营销活动（包括聚划算）招商要求中，有一条规定与店铺的纠纷退款率密切相关，那就是"近一个月人工介入退款成功笔数占店铺交易笔数的比例不得超过 0.1%，或笔数不得超过 6 笔（数码类卖家不得超过 4 笔）"。

（2）淘宝介入且核实商品存在问题的，将给予描述不符的处罚；核实卖家未履行承诺的，将给予违背承诺的处罚；如未履行 7 天无条件退换货服务的，将给予违背承诺的处罚。

4.3.3 修改中差评

买卖双方在成功完成一笔交易后，均有权对对方交易的情况进行评价，这个评价也称为信用评价，是买卖双方信用的累计。淘宝对评价的计分有 3

种情况。

评价分为"好评""中评""差评"3类，每种评价对应1个积分（好评+1分，中评0分，差评-1分），顾客的积分会累计起来，在淘宝网页上进行评价积分显示，而这些积分又对应着不同级别的店铺信誉。图4-21所示为淘宝店铺的信用度级别，也就是顾客的评价决定了店铺的级别。

4分-10分	♥
11分-40分	♥♥
41分-90分	♥♥♥
91分-150分	♥♥♥♥
151分-250分	♥♥♥♥♥
251分-500分	💎
501分-1000分	💎💎
1001分-2000分	💎💎💎
2001分-5000分	💎💎💎💎
5001分-10000分	💎💎💎💎💎
10001分-20000分	👑
20001分-50000分	👑👑
50001分-100000分	👑👑👑
100001分-200000分	👑👑👑👑
200001分-500000分	👑👑👑👑👑
500001分-1000000分	👑
1000001分-2000000分	👑👑
2000001分-5000000分	👑👑👑
5000001分-10000000分	👑👑👑👑
10000001分以上	👑👑👑👑👑

图4-21 信用度级别

卖家是非常看重顾客的好评的，可顾客在购物过程中，基于对商品质量、物流速度和客服态度等诸多方面的不满意，会给卖家一个差评。顾客单击鼠标就能给的中差评可是让卖家很头疼的事，卖家难免会遇上顾客毫不留情给的中差评。此时售后客服不能"坐以待毙"，要对顾客的中差评积极响应，找准顾客的不满，使用优惠返现、下次给予折扣等方式尽最大可能地让顾客修改中差评。

售后客服使用怎样的话术与顾客交流，对顾客是否愿意修改中差评有很大的影响。怎样和顾客沟通能够避免骚扰顾客，又能有效地让顾客对中差评进行修改呢？我们总结了下面几条话术，希望对售后客服有所帮助，如图 4-22 所示。

A. 亲爱的顾客，给您造成购物困扰真的很抱歉，我很理解您的心情，我也是很有诚意帮您解决问题的，这样吧，我跟店长请示一下，给你做出一点补偿，这是我们的一点心意，礼轻情义重，大家交个朋友吧，您方便修改一下评价吗？

B. 亲亲，真是很抱歉让您的这一次购物不太完美，关于商品在运输中出现被挤压的问题确实是不好意思。您可以将商品寄回，我们这边为您换一件新的哟，至于来回的运费也由我们这边承担，也非常希望您能够修改一下评价好吗？【阿里旺旺表情符号的合理使用也是很不错的】

图4-22　售后客服所使用的话术

当售后客服已经与顾客进行了沟通，双方就解决办法达成了一致之后，售后客服需要告知顾客修改中差评的操作步骤，使用阿里旺旺或电话告知顾客都是可以的。具体操作步骤为在"我的淘宝 — 已买到宝贝"页面的左侧选项栏中找到"评价管理"，在"给他人的评价"中将中差评修改为好评即可，如图 4-23 所示。当顾客修改了中差评，售后客服一定要礼貌地致谢，并履行对顾客的承诺。

图4-23　如何修改中差评

4.3.4　与仓库的其他客服的交接

大中型的淘宝店铺所拥有的客服达十余人，而客服在处理顾客争议的时候大多是提供一对一的服务，但很多售后流程的操作需要其他客服去执行，所以客服间的沟通交接是很有必要的，尤其是对仓库的其他客服而言。

仓库的客服并不知晓售后客服与顾客商量好的解决方案是什么，所以售后客服需要将与顾客商议出的解决方案记录在案，包括原来的商品的尺码大小、颜色规格，需要退换的商品的相应信息，顾客的信息等，并且能够一目了然，所以我们要使用登记表。如表 4-4 所示，售后客服利用顾客退换货登记表将顾客的需求详细地告知仓库的其他客服，避免再次发生失误引起顾客不满。

表 4-4　顾客退换货登记表

顾客信息	退回商品	原因	调换商品	订单号	快递号	运费承担方	受理人

4.4　后台注意事项

我们常说的交易后台是用来记录订单详情的平台，也是售后客服处理顾客信息的平台。对后台信息处理的熟练度高也是售后客服的基本要求之一。售后客服对后台的操作一般包括备注、退款操作、退款信息阅读及统一的回复工作，下面我们一起来学习在后台操作中应该注意的事项。

4.4.1　售前售后备注统一

客服在接受订单后，需要仔细询问顾客的快递需求并确认订单，根据顾客的需求做相应的备注，在订单的右上角（如图 4-24 所示）填写好顾客的姓名或者阿里旺旺 ID，并在审单和发货的时候仔细查看每一个订单。

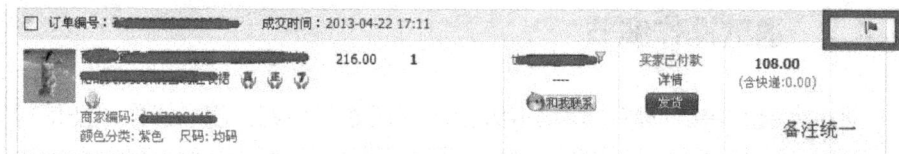

图4-24　顾客信息备注

　　点开备注之后，会出现如图 4-25 所示的页面，售后客服就在这个页面
备注顾客的信息。在标记一栏有不同颜色的小旗子，它们分别代表什么呢？
红色的旗子代表这个订单有售后问题，并注明售后问题和运费的承担方及处
理的进程。黄色的旗子一是代表这个订单需送礼物，二是代表仓库未发货前，
尺码、颜色或者地址有更改。绿色的旗子代表可以确定退款的订单。蓝色的
旗子代表顾客对快递的要求及多笔拍下一起发货的情况。紫色的旗子包含了
上面没有的情况，如银行汇款等。（图 4-25 为黑白印刷，实际页面有颜色区
分。）插旗标注的备注形式可以让备注更为清晰明朗，一目了然，便于交接，
提高售后客服处理效率，也便于其他客服了解订单信息。

图4-25　信息备注页面

4.4.2 退款操作细节

面对大量的售后订单，售后客服应该从何处下手呢？怎样操作才能使得自己的工作效率更高呢？图4-26所示的"四步走"方案是值得售后客服参考的，按照小二介入 — 退款状态 — 申请时间 — 垫付状态的顺序对退款进行处理。

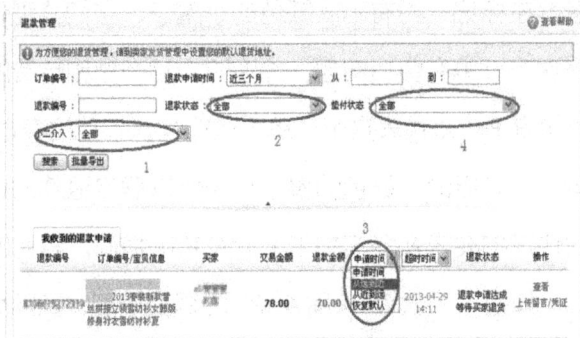

图4-26 退款订单操作细节

对小二介入状态进行处理

对于进行中的退款，若双方协商后不能达成一致或未得到解决，在超过规定时间后进入退款详情页面，任意一方都可以要求淘宝小二介入处理，而小二介入后的纠纷将对店铺的纠纷退款率产生影响，店铺更有被扣分的危险，所以要率先处理小二介入状态的订单。

对退款状态进行处理

退款状态主要分为"退款申请等待卖家确认中""卖家不同意协议，等待买家修改""退款申请达成，等待买家发货""买家已退货，等待卖家确认收货"4项，而这4项也按照这样的紧急排序进行排列。

由申请时间从早到晚处理

每一笔订单的处理都有规定的时间，一般为3～5天。在规定的处理时间内，卖家如果没有对订单进行处理，淘宝会默认卖家同意退款，将款项通过支付宝打给买家，所以申请时间越久的订单越危险，应该优先进行处理。

检查垫付状态，及时追回包裹，降低损失

垫付状态有"客服介入，先行垫付进行中""垫付完成，等待买家退款""垫付完成，等待卖家确认收货"等，对垫付状态进行处理有利于降低纠纷退款率，提高售后解决效率。

4.4.3 退款信息的阅读

售后客服除了处理顾客的售后请求，还要学会最基本的工作技能——阅读。不要认为阅读信息是一件无师自通的事，售后客服需要学习的是怎样最快、最仔细地阅读顾客的申请要求。以图 4-27 所示的某女装店的顾客退款申请为例，售后客服应该在最短的时间内把握以下几个方面的内容。

退款类型

顾客申请退款常见的退款类型分为收到商品和未收到商品，主要有"收到商品，仅退款""收到商品，退货退款""未收到商品，仅退款"等情况。售后客服需要看清楚具体的退款类型，再来衡量退款方式是否合理。图 4-27 所示的退款类型从原则上来讲，仅退款是不合理的。

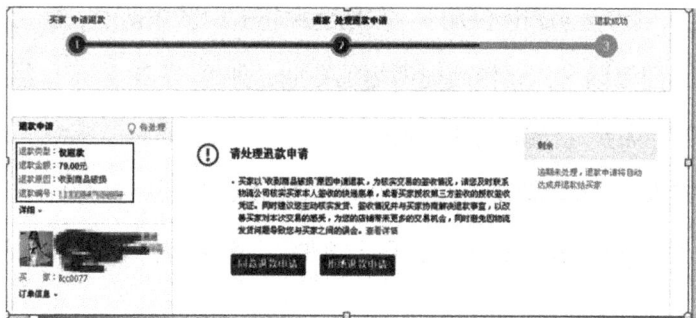

图4-27 顾客的退款申请

退款原因

退款原因是十分关键的信息，顾客为什么退款？顾客所提出的原因的责任到底在哪一方？这些原因是否是真实存在的？这些都是售后客服需要弄清楚的信息。顾客可以选择的退款信息一般有"认为是假货""商品破损问题""发货问题""商品变质""生产日期、批号与卖家承诺不符""效果不好，不喜欢""认为是三无产品"等，售后客服需要找出证据来应对顾客的退款原因。所以，售后客服对退款原因的即时掌握对于取证很有帮助。

退款金额

顾客填写的退款金额也十分重要，售后客服需要将顾客申请退款的金额与其购买商品的金额进行对比，看是全额退款还是部分退款。淘宝规定退款金额不能高于买入商品的价格，所以售后客服需要核对顾客要求的退款金额是否在可以接受的范围内，是否符合店铺退款的相关规定。

由此可知，售后客服对信息的阅读是非常重要的，学会如何抓住关键点进行阅读，不仅可以提高工作效率，还能减轻工作难度，提高工作准确率。

4.4.4　回复的统一

专业的客服做专业的操作，形成统一的流程，而这种专业性要体现在每一个环节上，就连回复也不例外。在处理顾客的退款申请时，售后客服需要使用统一的回复话术，让售后显得更加专业，如图4-28所示。售后管理和维权管理同样需要这样统一的回复。

不仅如此，在交易完成之后，售后客服需要对交易进行评价，而评价的话术在同一个店铺内要统一起来，最好能形成自己的风格，这样更能提高店铺的整体形象。

假如同意退款申请
同意留言:
　　亲真的很抱歉,××旗舰店的产品没能让您满意,我已经同意您的退款申请,请您在48小时之内寄回产品,告知售后客服寄回单号,并在淘宝后台填写相应的退货信息(单号),谢谢您的配合。期待您的下次光临,谢谢!

【作用:礼貌拒绝,减少售后纠纷,目的明确,修改数额明确,减少填错的可能,拒绝客服必须在48小时跟进】

假如拒绝退款申请
拒绝留言:
　　亲真的很抱歉,我们的产品没能让您满意,由于非质量问题引起的退换货是需要您承担运费的,请您把价格××元改成××元,如有疑问请联系我们的售后客服,谢谢您的谅解,期待您的下次光临!

【作用:礼貌,有效提醒顾客快速寄回,缩短退货时间】

图4-28 售后客服统一话术

附:售后客服岗位职能(见表4-5)。

表4-5 售后客服岗位职能

职责名称	职责描述	行为描述	时间周期	时间周期描述
关键绩效指标	接受监督,在线接待	协调安排每日早晚班在线客服,关注回复率/响应时间,使其不得低于行业平均值,记录每日售后平均响应时间、回复率的数据	每个工作日	周报汇总
	负责处理维权	涉及处罚类的维权:确保零维权。遇到涉及处罚类的投诉需要0.5～1小时的时间去核实顾客撤销情况;对于严重纠纷和比较严重的维权,权限不限,以解决纠纷为目的减少顾客投诉,顾客过高的要求可以和上级主管申请	每个工作日	周报汇总
	退换货处理	退换货的日常处理,必须规范、按要求备注有问题的退换货,优化流程,提高效率	每个工作日	周报汇总
	退款处理	及时处理每日的退款,保证退款速度快于行业平均值,抽查所有超时未完成退款订单的跟进情况	每个工作日	周报汇总
	负责收货跟进	关注每日收货跟进(疑难件)的处理情况,每日抽查5条以上	每个工作日	周报汇总
	对纠纷退款率负责	保持纠纷退款率低于行业平均值,一旦有新的退款纠纷必须查明原因,制订解决方案,避免出现类似问题	每个工作日	周报汇总
	对已付款未发货订单进行排查	每天排查后台没有及时发货的订单,有问题的马上联系仓库解决,解决不了的电话联系买家并告知原因	每个工作日	周报汇总
	打字速度测试	每周测试一次打字速度,要求1分钟70字以上(测试内容:平时需要用到的快捷回复,周报中汇报成绩)	每周	周报汇总

续表

职责名称	职责描述	行为描述	时间周期	时间周期描述
关键绩效指标	客服评价满意度（聊天记录、规范用语质检）	指标：评价发送率、评价返回率、顾客满意比、客服服务满意度 发现问题：每日抽检每名客服10条以上聊天记录，每日质检 分析解决问题：根据聊天记录和接待经验做出总结，认真学习；对不明白的问题进行跟踪、提问、解决	每个工作日	周报汇总
执行本部门流程并协助做出优化	认真执行流程化售后操作	认真执行流程化售后操作，做到快速、准确，每个客服统一	每个工作日	周报汇总
	负责收集每日买家咨询最多的问题点	收集客服反馈的信息：售后问题最多的信息类别是什么？针对这些问题制订相应的解决方案，以便客服能够更快、更准确地答复买家、解决问题、提高工作效率	每个工作日	周报汇总
数据统计	负责整理分析退换货数据	整理分析退换货率提高、出现退换货的原因，找出问题源头，从源头减少退换货	每周	每月5号总结
	负责整理分析错误发货的原因	每天整理统计错误发货原因，反馈至仓库主管，及时纠正错误，避免再次错误发货	每个工作日	周报汇总
	负责数据汇总	对每周及每月的售后数据进行汇总分析	每周	
团队成长	接受定期培训、考试	新品培训一个月不低于2场（商品使用说明、商品特点说明等内容）	每月	每月5号总结
		售后客服提升一个月不低于2场		
		注意顾客的维权类型，并总结经验和大家一起分享		
		接受每月考试		
团队协作	页面纠错	遇到价格、链接、图片有误的，及时交给运营部门解决	不定期	
	负责大型活动的协调工作	举办大型活动时，做好客服工作安排（活动前、中、后的工作安排）		
		大型活动的总结		
	配合运营人员的营销活动	配合开展营销活动		
	活动效果反馈	对运营部门的活动方案的效果进行反馈，协助运营部门调整活动方案	每个工作日	

续表

职责名称	职责描述	行为描述	时间周期	时间周期描述
日常工作管理	负责部门管理工作	负责安排客服的日常工作，保证客服的工作速度和质量	不定期	
		做好老员工带新员工的工作和新员工的基础培训安排和计划	每月	每月28号
		认真执行每日排班，做到岗位齐全无空缺	不定期	
		正确使用管理软件	每周	
	负责部门周例会	每周召开一次周例会，包括会议记录及重点事件追踪提醒、团队组员行为及考核监督	不定期	
	流程优化、意见建议	对售前、售后、运营、仓库客服进行监督，可提出优化售前、售后、运营、仓库客服工作流程的方案	每个工作日	
	负责售后办公区环境卫生	搞好部门办公区的卫生，地面垃圾随时清理，时刻保持清洁，桌面无杂物	每周	
	负责协调集体打扫卫生	配合行政部门完成公司集体卫生的打扫	每周	

第 5 章

售后客服经典案例解析与
售后技巧和话术

　　当顾客对所购买的商品感到不满意，他们第一时间想到的便是售后客服。面对"怒气冲冲"的顾客，用什么语言才能缓和顾客的情绪？用什么样的方式，顾客才能原谅我们的过失呢？在这一章中，我们将通过售后客服经典案例来和大家一起探讨售后客服的技巧和话术。

5.1　售后客服经典案例解析

　　顾客收到商品后，基于不同的原因对商品不满意，他们首先会想到寻找售后客服帮忙解决，售后客服根据不同顾客的要求对订单进行处理。我们收集了大量的售后客服经典案例，希望对大家提高售后服务能力有所帮助。

5.1.1　顾客收到商品很长时间后退货

　　很多顾客在收到商品后，隔了很长时间才联系售后客服，找了各种原因要求售后客服为其退货，这样的顾客不在少数。那么售后客服应该怎么办呢？我们先来看两个案例。

案例一　×××女装服饰店

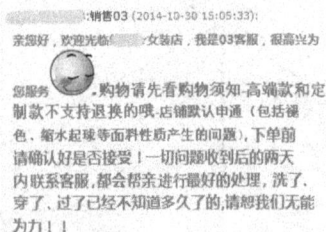

亲您好，欢迎光临×××女装店，我是03客服，很高兴为您服务。购物请先看购物须知·高端款和定制款不支持退换的哦·店铺默认申通（包括褪色、缩水起球等面料性质产生的问题），下单前请确认好是否接受！一切问题收到后的两天内联系客服，都会帮亲进行最好的处理，洗了、穿了、过了已经不知道多久了的，请恕我们无能为力！！

图5-1　案例一　×××女装服饰店

案例二 ×××化妆品店

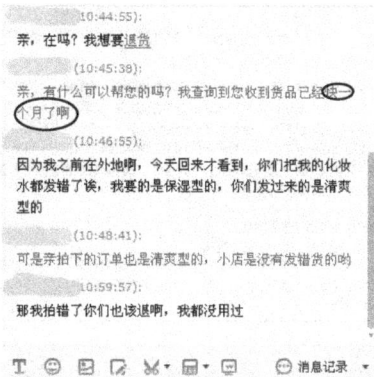

(10:44:55):
亲，在吗？我想要退货

(10:45:39):
亲，有什么可以帮您的吗？我查询到您收到货品已经快一
个月了啊

(10:46:55):
因为我之前在外地啊，今天回来才看到，你们把我的化妆
水都发错了诶，我要的是保湿型的，你们发过来的是清爽
型的

(10:48:41):
可是亲拍下的订单也是清爽型的，小店是没有发错货的哟

(10:59:57):
那我拍错了你们也该退啊，我都没用过

T 😊 🖼 📋 ✂ ▾ 💾 ▾ 🖥   消息记录 ▾

图5-2 案例二 ×××化妆品店

以上两个案例都是顾客过了很长时间才找到售后客服要求退货退款，那么一名称职的售后客服应该如何应对呢？处理步骤如图 5-3 所示。

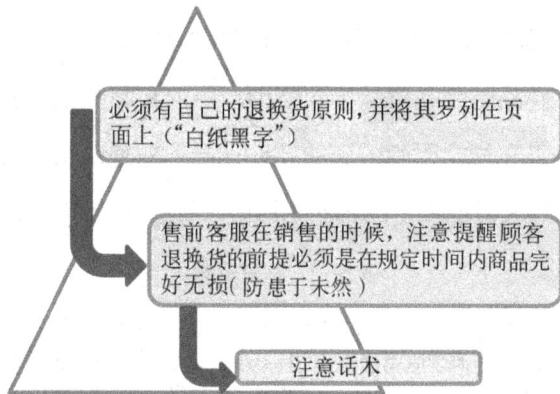

图5-3 售后客服处理步骤

Step 1 必须有自己的退换货原则，并将其罗列在页面上。

关于店铺退换货的原则，我们最好将其罗列在店铺主页上，这样有两个好处。首先是"白纸黑字"，不管顾客的要求多无理，我们都有说服他们的依据；其次是能给顾客一定的提醒，让他们留意退款的细则。除此之外，我们还可以将退换货的原则设置到默认回复的内容里面，尽可能多地提醒顾客，如表 5-1 所示。

表 5-1　把退换货原则罗列到页面上

页面罗列退换货原则	关于退换货 ABOUT RETURN 店铺支持七天无理由退换货（按商品签收之日算起），高端款、定制款、贴身衣物暂不支持退换！ 退换货须知： ■ 请您保持商品全新的没有穿过、洗过，保留吊牌齐全，没有喷过香水，不影响二次销售。 ■ 请您在收到商品七日内（自签收之日起计算），联系客服作退换处理，逾期一律不处理，谢谢理解！ ■ 购买时享受折扣或优惠的买家，在退款后在达不到之前的优惠标准下，退款时需要扣除之前的优惠金额。 ■ 购买有附赠品的商品，看需退回时，请务必将赠品一同寄回，并保证商品的完好，否则将扣除一定的金额。 ■ 退回的商品请填写您的旺旺号码（ID）及原因与商品一起寄回，请用普通快递寄回，本店拒收平邮及所有付件。 ■ 如出现以下情况店铺无法为您提供退换货服务： 　因个人故意损坏商品的； 　已使用过的商品、试穿产生损坏或变形的商品； 　买家进行修改过的商品或经洗涤过、有香水味的商品； 　原单包装，已拆封的贴身内衣裤、背心及袜子等，为了您与他人的健康着想，不提供退换服务； 　包裹破损的情况下，买家在快递人员送货上门时未清点商品数量及查看商品是否有受损情况而直接签收的； 　赠送物品不参与售后服务范围。
默认回复插入退换货原则	:销售03 (2014-10-30 15:05:33): 亲您好，欢迎光临××女装店，我是03客服，很高兴为您服务。……购物请先看购物须知-高端款和定制款不支持退款的哦,店铺默认申通（包括褪色、缩水起球等面料性质产生的问题），下单前请确认好是否接受！一切向收到货后的两天内联系客服，都会帮亲进行最好的处理，洗了、穿了、过了已经不知道多久了的，请却我们也无能为力！！　(13:36:17): 亲亲，您好，欢迎光临xxxxx，我是客服小兔子，很高兴为您服务。　在您下单前请确认购买的商品，淘宝对化妆品店有规定，拆封后的商品不退不换，本店支持7天无理由退款，但前提是商品一律是没有拆封的，不能影响第二次销售的哟。

Step 2　售前客服在销售的时候，注意提醒顾客。

顾客在购买商品时会向售前客服咨询，售前客服一定要注意提醒顾客退换货的前提必须是在规定时间内商品完好无损，并确认顾客收到并理解退换货的原则，保证顾客对退换货原则的知情度，如表5-2所示。

表 5-2　客服提醒

售前客服提醒语句总结	A.亲，您确定要这款衣服了吗？在您购买之前亲一定要了解我们的退换货规则哟。如果亲不满意收到的商品可以在收到商品后的3~5天联系我，如果需要退换货，衣服得全新无损坏，不能影响我们的第二次销售哟！ B.亲，在您付款之前××得向您介绍一下我们店的退款规则哟，只要化妆品未拆封，不影响第二次销售，我们都能退货，但如果亲拆开了商品，我们就没有办法为您办理退货啦，因为退回来我们也销售不出去啦，亲应该能理解吧？ 【及时确定顾客收到信息】

Step 3　注意话术。

面对顾客收到商品很长时间后才发起退款的情况，售后客服不管是拒绝还是同意都必须得注意说话的语气和态度，不能给顾客留下不好的印象，如表 5-3 所示。

表5-3 客服话术

拒绝类	亲，真的非常抱歉了，我们的商品原则上是7天无理由退换的，如果超出几天我们也可以尽量申请帮您退换货，但是现在时间超过太多，我们也没办法保证商品不会影响第二次销售，而且包裹出去太久再退货回来，我们一般是不会再将货物上架了的，所以希望您谅解，现在已经超出太久就没办法给您退换了哦
部分妥协类	A.亲，您真的为难我了哦，因为您的商品超出退换时间太久，真的无法保证商品是否会影响第二次销售，我好不容易和店长申请了给您退部分钱款，您看看可以吗？ B.亲，您可是我们尊贵的老顾客啦，但由于商品超出退货时间太长了，而且外包装您也拆开了，您看这样好吗，××送您100元钱代金券，全场无限制通用的，也希望亲能理解
妥协类	A.亲，您真的很会讲话呀，平时这种情况我们店长肯定是不同意退货的，看到您这么真诚，我想衣服应该是完好的，您看看先退回，如果衣服真的完好，我们会全额退款给您，可以吗？ B.亲，您可是我们店铺的VIP啦，××就为您破例一次吧，但您得给××保证不会影响商品的第二次销售哟

5.1.2 流程不完善引起的问题

　　这里所指的流程不完善导致的问题大多是买家收到的是空盒，这种问题的发生与工厂发货、物流丢件、顾客签收等一系列的流程相关。出现这种问题的时候，我们需要一步一步地查找，寻找到底是哪一个环节出了问题。那么卖家应该如何有条不紊地应对这种问题呢？完善流程的步骤如图5-4所示。

第一步：你的页面必须有签收规则，你的包裹必须讲明验货再签收。贵重物品或客单价比较高的物品，你最好打电话提前告知顾客必须验货后再签收。

第二步：假设已经发生了这种事情，首先你得核实是不是快递公司的原因。包裹大面积损坏或丢件，顾客拒签的话，快递公司会赔付损失。你必须同意顾客的退款申请或者安排重新发货。

第三步：假设快递公司不承认自己丢件，不赔付，那你只能给顾客重发或退款。

第四步：流程上，发出多件物品时，你必须在快递面单上写明数量和重量，包括赠品。退回多件物品时，也必须要求顾客写明上述信息。顾客在提出退换货要求时你必须向他强调这一点。

图5-4 完善流程的步骤

Step 1　页面必须有签收规则显示。

为了提醒买家相关的签收规则，在店铺的详细页面中需要显示相关的签收规则，主要针对商品的数量核实、商品的完整性等内容。我们发现很多店铺没有注明签收规则，顾客不熟悉收货流程，没有验货就直接签收，导致了很多不必要的麻烦。图5-5所示是某店铺的签收规则说明，详细的签收规则说明可以为卖家争取到一定的发言权，化被动为主动。

PS.为保障双方权益，请您一定先验货，核对商品数量以及有无破损，如果数量不对或破损请拒签！

图5-5　某店铺的签收规则说明

Step 2　核实快递公司的物流详情。

买卖双方在达成交易后，货品的送达必须依赖于快递公司，快递公司通过铁路、公路、航空等运输方式，对顾客的商品进行快速投递。但由于快递公司的快递数目巨大、投递时间紧急，在投递快递的过程中难免出现丢件、漏发、损坏物件等情况。顾客在收到快递时，如果发现包裹有问题，是可以拒收的。顾客应在第一时间联系售后客服，售后客服需要立刻联系快递公司，核对订单号，跟踪物流信息。如果证实是快递公司的过错，那么售后客服是可以要求快递公司进行赔付的，所以售前客服在销售完商品之后，售中客服还要定期对快递进行跟踪，保证快递的安全性，如图5-6所示。

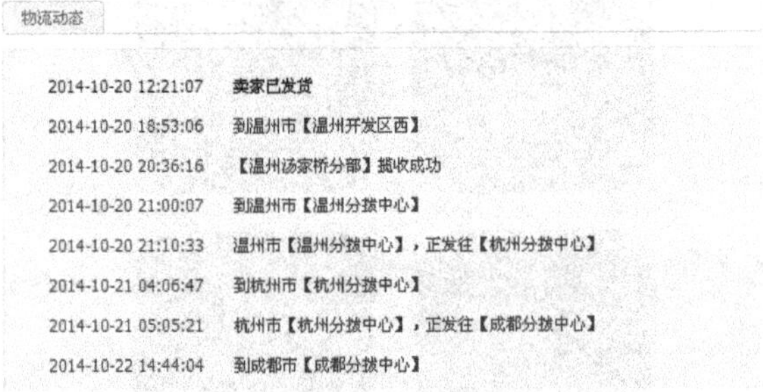

物流动态	
2014-10-20 12:21:07	**卖家已发货**
2014-10-20 18:53:06	到温州市【温州开发区西】
2014-10-20 20:36:16	【温州汤家桥分部】揽收成功
2014-10-20 21:00:07	到温州市【温州分拣中心】
2014-10-20 21:10:33	温州市【温州分拣中心】，正发往【杭州分拣中心】
2014-10-21 04:06:47	到杭州市【杭州分拣中心】
2014-10-21 05:05:21	杭州市【杭州分拣中心】，正发往【成都分拣中心】
2014-10-22 14:44:04	到成都市【成都分拣中心】

图5-6　售中客服对物流情况的跟踪

我们如何避免在快递环节出现少件、丢件的情况呢？我们在工作中要注意两点。一是包装。在快递发出前，尽可能多缠一些胶带对商品进行包装，让包裹不易被撕开。对于小饰品的包装要用内衬小袋子包装好再用箱子进行包装；而对于易碎品，则需要用薄膜纸、旧报纸、泡沫进行包装，尽可能减少包裹的空隙，并在包裹表面注明"易碎"字样。二是要注意快递的时效性，快递发出后要及时通知顾客，与顾客一起对包裹进行跟踪查询，直至快递安全到达。

Step 3　假设快递公司不承认自己丢件，不赔付，那么你只能妥协重发或者给顾客退款。

当顾客反映出现丢件问题时，售后客服首先应该和快递公司取得联系。但如果快递公司不承认自己丢件，不赔付相应款项，而顾客又相当肯定没有收到商品时，淘宝卖家只能妥协，除非有直接的证据证明是快递公司的问题，就可以对快递公司进行投诉。但在处理顾客的包裹时，重新发货或退款给顾客都是必要的，这样可以减少顾客投诉自己的概率。在无法明确是哪一方的责任的时候，售后客服要先安抚顾客的情绪，如图5-7所示。

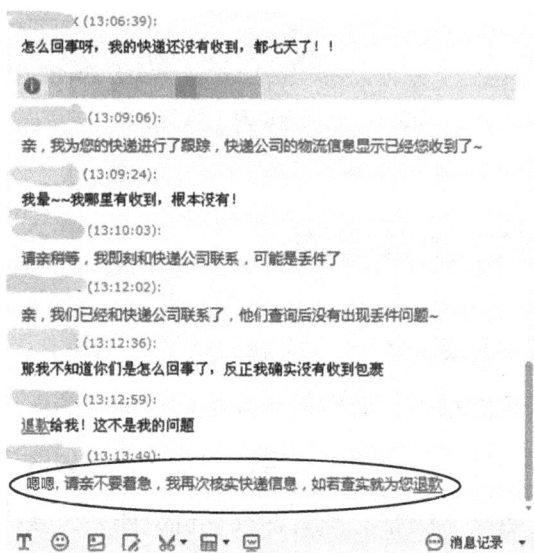

图5-7　售后客服对丢件的处理

当售后客服无法明确是快递公司还是顾客的责任时，只能妥协，也可用一些言语作为缓兵之计。但如若依旧明确不了责任，也只能为顾客办理退款或者重新发货。

Step 4　在快递面单上写明商品数量，包括赠品数量。

如图 5-8 所示，在填写快递面单时，卖家所填写的信息要尽可能详尽，为了避免商品数量不明的情况，卖家一定要在快递面单上填写好内件品名，尤其是商品数量，即便是赠品数量也要注明。

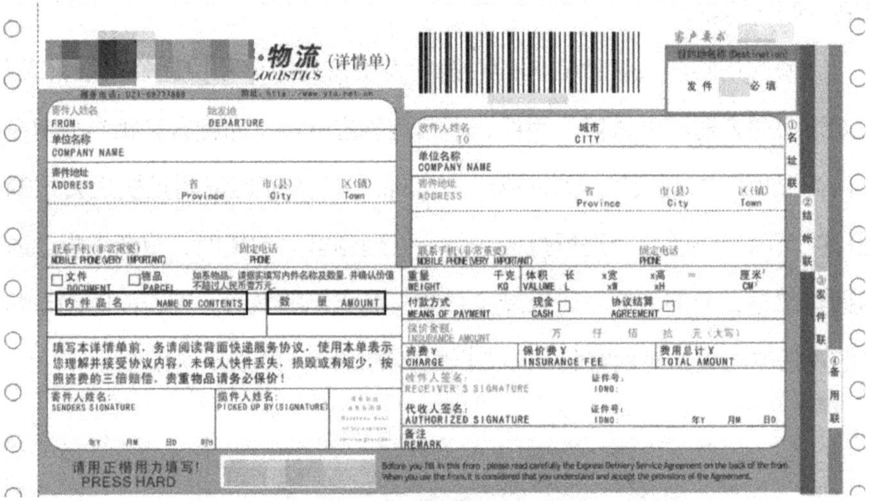

图5-8　在快递面单上填写信息

5.1.3　顾客给了很糟糕的评价

每一个淘宝卖家都要有一个清醒的认识，无论你的店铺做得多成功，肯定有不满意的顾客，他们甚至会给你很糟糕的评价，这是无法避免的。网店客服只能尽力减少这类事件的发生，假如修改不了评价就只能去解释评价。每个客服都必须有解释评价的能力，我们先来看看下面这几个案例。

案例三　×××女装服饰店

黑心毛线！天气冷，于是就穿了，上身效果还不错，可是全身痒死了，奇痒。然后就发现毛线里面很多黑点点，后来就也水洗，可怕的是密密麻麻的黑点点，不知道是什么，虫卵吗？！！问了学院前辈说是虫卵和虫子分泌的东西。我的天，不痒才怪！不得皮肤病才怪！起了虫的毛线吧？！本来不想评论，等系统自动好评，结果衣服竟然这样！别锅害别人了。用淘宝7年几乎没有给过差评！这次真的太恶心了。密集恐惧症。买过的买家你们可以把毛衣放到水里然后透光看，会出现特别恐怖的黑点点。

图5-9　案例三　×××女装服饰店

该顾客尖锐的评价让其他顾客很难再去相信店铺衣服的品质，且该顾客还拍照贴图，对店铺、商品的声誉有很大影响。见图 5-10。

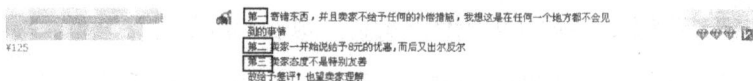

¥125

第一，客铺太丢，并且卖家不给予任何的补偿措施，我想这是在任何一个地方都不会见到的事情
第二，卖家一开始说给予8元的优惠，而后又出尔反尔
第三，卖家态度不是特别友善
既给好差评！也望卖家谅解

图5-10　顾客拍照贴图

该顾客分点评价，从店铺的发货、信誉、服务等方面给予了不好的评价，很难让其他顾客有信心在这里购买商品。

案例四　×××化妆品店

这款眼线我真心想吐槽，别说防水什么的了，马上画上可以马上擦，而且特别晕。买过的最差最数我收的就是它了，每次用我都想发火，现在直接不用了。

图5-11　案例四　×××化妆品店

该顾客对商品的性能进行了全面的否定，使得其他顾客会对商品的质量有所怀疑，对于商品的销售是相当不利的。

客服的态度会直接影响顾客的购买欲望，所以当顾客给客服很差的评价时，这说明这家店铺的服务做得很失败。见图 5-12。

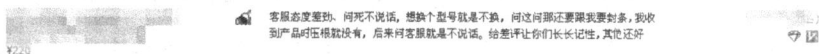

¥220

客服态度差劲、问死不说话，想换个型号就是不换，问过那还要聚我要聚象，我收到产品时压根就没有，后来问客服就是不说话。给差评让你们长长记性，其他还好

图5-12　店铺的服务做得很失败

以上案例都是店铺在与顾客完成交易后，顾客在店铺留下的抹不去的难看评价，这直接影响了店铺的信誉和销售量。那么一名称职的售后客服应该如何应对这些难看的评价呢？如图5-13所示，我们列举了售后客服解释差评的流程。

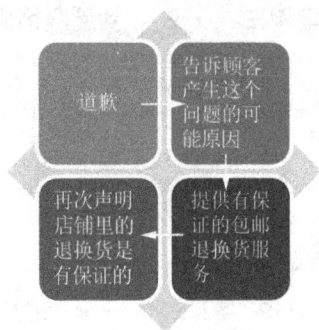

图5-13　售后客服解释差评的流程

Step 1　针对顾客的问题，有诚意地道歉。

作为网店客服，要记住无论什么时候和顾客形成了对立关系，不管是哪一方的原因，我们都要首先表示我们的歉意，如图5-14所示。当你以真诚的态度面对顾客时，顾客的情绪才能够得到缓和，这有助于问题的解决。

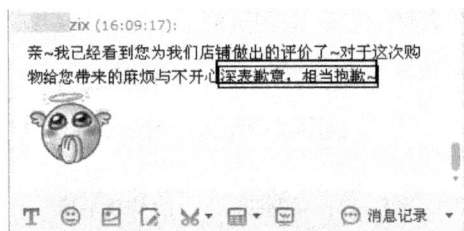

图5-14　售后客服真诚道歉

Step 2　告诉顾客产生这个问题的可能原因，或者这个问题是客观存在的，具体是什么情况，要向顾客解释清楚。

顾客给出一个很糟糕的评价必然有他自己的原因，是对商品质量不满意，还是对客服态度不满意，或者是对发货速度不满意。售后客服就要善于去探究他们给出这些评价的准确原因，再对症下药，进行解释说明，给顾客一个满意的答复。如图5-15所示，售后客服在得知顾客差评的原因之后对顾客的作息时间进行询问，找出了影响商品使用效果的深层原因。

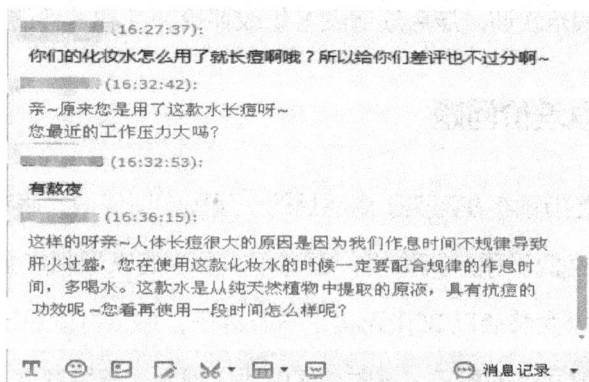
图5-15 售后客服寻找原因

Step 3 假设这个问题真的存在，影响了商品的使用效果，那你可以提供有保证的包邮退换货服务。

如图5-16所示，在寻求到顾客不满意的原因之后，售后客服要善于解决问题，消除顾客购买商品后的困扰，可以为顾客提供包邮退

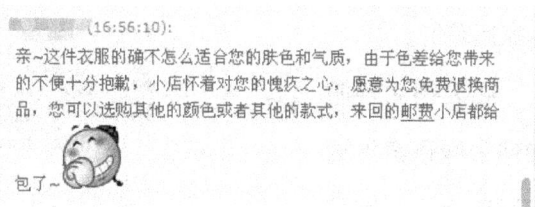
图5-16 售后客服寻求解决办法

换货、退部分货款、赠送代金券等服务，让顾客对你的店铺重新树立信心。

Step 4 再次声明店铺里的退换货是有保证的，售后客服都很好沟通，希望其他买家出现问题的时候第一件事是找售后客服解决，售后客服很高兴为大家服务。

解决了顾客的疑虑之后，售后客服一定要声明店铺的立场，如图5-17所示。首先要声明商品的质量是有保证

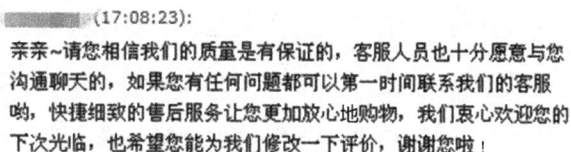
图5-17 售后客服表明立场

的，售后客服是耐心热情的，店铺的售后服务是仔细快捷的，然后对顾客的

下一次光临表示欢迎，最后烦请顾客修改评论，挽救差评的尴尬。

5.1.4 返差价问题

返差价是指顾客在购买了商品后的一段固定时间内，该商品由于各种原因降价，价格低于原购买价格，顾客可以要求店家返相应金额的差值。例如顾客在一家女装店以 200 元买了一条裤子，拍下付款后的第二天店家便以 180 元出售同样的裤子，这时顾客就可以找到卖家协商退返 20 元的差价。

返差价这个问题比较特殊，假如我们不同意给顾客返差价，那么顾客会退货然后重拍，这个过程之中可能还会涉及退款速度和产生纠纷的可能性，会对店铺的动态评分产生相应的影响，所以当顾客有这个要求的时候，建议店家返差价。

那么售后客服如何引导顾客不要求返差价呢？这里有两个技巧需要说明，如图 5-18 所示。

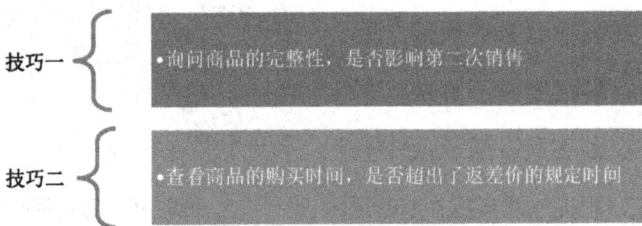

技巧一 { • 询问商品的完整性，是否影响第二次销售

技巧二 { • 查看商品的购买时间，是否超出了返差价的规定时间

图5-18 返差价技巧

技巧一：商品完整性

遇到返差价的问题时，售后客服首先要想办法知道商品是否完好。因为在返差价的过程中，一些商家要求顾客重新拍下商品，以现时的低价购买，顾客再将之前购买的商品退回，这就涉及了商品的二次销售。如果商品已经拆封或者使用，影响了二次销售，售后客服是可以拒绝顾客的返差价要求的。但如果商品是完整无损的，顾客又要求返差价，售后客服很多时候会选择妥协，将差价款项直接付给顾客，以减少店铺的纠纷退款率。

拒绝话术如表 5-4 所示。

表 5-4　拒绝话术（一）

因商品完整性问题拒绝返差价要求	A.亲，很抱歉哟，因为您购买的商品影响了我们的二次销售，所以不能为您返差价，小店经营不容易，也希望您能理解！×××给您送上10元代金券，请您息怒，衷心期待您的下一次光临
	B.亲，由于您的商品已经拆封，我们无法为您办理退款，因为商品的不完整性直接影响了我们的二次销售，希望您能理解，小店下一次有活动一定第一时间通知您

技巧二：商品的购买时间

卖家在规定返差价规则的时候，一定要注意对售后服务时间的规定，一般来说规定 7 天的售后时间为最佳。当顾客要求返差价的时候，售后客服要核对订单的售后时间，如果售后时间超过了店铺的规定，售后客服也是可以拒绝顾客的返差价要求的。

拒绝话术如表 5-5 所示。

表 5-5　拒绝话术（二）

因商品超过售后时间拒绝返差价要求	亲，真的很抱歉，给您造成困扰了，是这样的，因为我们店铺经营状况非常好，得到淘宝邀约不定期参加淘宝的活动，所以价格优惠有时候我们也是不能确定的，如果在您收到货7天之内我们降价了，那原则上我们是可以返差价的，但是现在已经超过7天，就没办法了哦，不过您放心，您收藏我们店铺，多来看看，没准下次优惠您就有机会争取到哦

↻ 5.1.5　顾客强制退换不可退换类目的商品

淘宝根据商品类目的属性，会规定各个类目商品的退换情况，当顾客购买的商品属于淘宝规定的不可退换类目，但顾客又执意要退换怎么办呢？下面我们先来看一个案例。

遇到顾客强制要求退换不

案例五　×××个性化定制店

(13:48:26):
亲~我收到了定制的杯子，可是照片在杯子上的效果好差啊，看起来好劣质！我要退货~~~一点也不好看

亲亲~我们是个性化定制店铺，根据淘宝对不可退换类目的规定，我们店铺不支持退货的，如果您对产品的美观性不满意，我们可以为您重新制作的，但来回的邮费需要您自理~
(13:51:55):

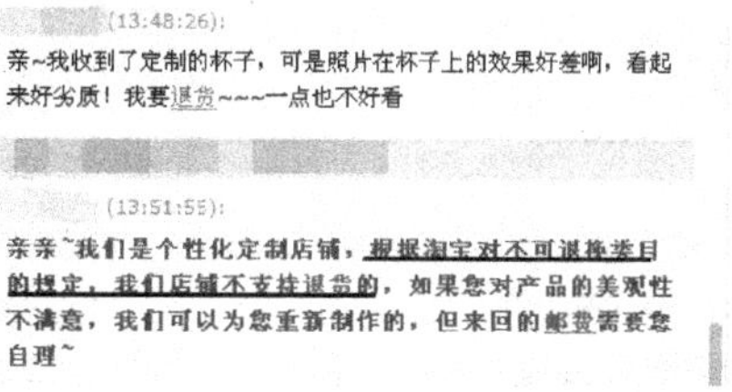

图5-19　案例五　×××个性化定制店

可退换类目的商品，售后客服一定要按照以下 3 步进行解释，以引导顾客理解自己，如图 5-20 所示。

图5-20　售后客服的操作步骤

Step 1　淘宝规定了本类目的商品是不可以退换的。

售后客服首先应该了解自己店铺所出售的商品是否在淘宝不支持"七天退货"的范畴内。表 5-6 所示是淘宝退货类目分类，这将是售后客服向顾客解释的凭证之一。

表 5-6　淘宝退货类目分类

分类	类型	商品举例
默认不支持"七天退货"	一、消费者定作的，定制类商品	个性定制、设计服务（要求属性为：定制）
	二、鲜活易腐类商品	鲜花绿植、水产肉类、新鲜蔬果、宠物
	三、在线下载或者消费者拆封的音像制品、计算机软件等数字化商品	网游、话费、数字阅读、网络服务
	四、交付的报纸、期刊、图书	订阅的报纸、期刊、图书
	五、服务性质的商品	本地生活、服务市场等，如家政服务、翻译服务等
	六、个人闲置类商品	个人闲置，一级类目为自用闲置转让
可选支持"七天退货"（即默认支持"七天退货"，卖家可根据商品性质选择不支持"七天退货"）	一、非生活消费品，如商业用途类商品	房产、新车、网络服务器、商用物品等
	二、代购服务商品	海外代购（无现货，需采购）
	三、二手类商品	二手商品，宝贝类型为二手
	四、贴身衣物	内裤、内衣、泳衣、袜子、打底裤等

续表

分类	类型	商品举例
可选支持"七天退货"（即默认支持"七天退货"，卖家可根据商品性质选择不支持"七天退货"）	五、古董孤品类	古董、邮币、字画、收藏类等
	六、食品保健品类	食品（含婴幼儿食品、零食、冲饮、酒类、粮油米面、干货、调味品）、保健品（含中药、膳食营养补充剂）、宠物医疗用品等
	七、贵重珠宝饰品类	珠宝、钻石、翡翠、黄金等
	八、家具、家电类商品	家具、大家电（电视、空调、冰箱等）等
必须支持"七天退货"	除以上商品外的所有品类，均须支持"七天退货"服务	服装服饰、数码产品及配件、家纺居家日用、化妆品、婴童用品（除食品）等

Step 2　必须在商品详情页中说明不可以退换货。

关于商品的退货类目属性，我们最好罗列在店铺主页上，给顾客一定的提示，在顾客付款时也进行必要的解释，避免顾客对商品不满意而引起纠纷。

Step 3　在买家付款之前声明商品是不可退换的及退换产生的后果。

我们在对顾客进行劝说的过程中，要让顾客明白商品不能退换是有其道理的，讲解商品退换后所产生的后果，让顾客明白其中的原因，最好能让顾客站在卖家的角度上考虑问题。我们以内衣商品为例进行讲解，如图5-21所示，售后客服以内衣的私密性作为切入点向顾客解释为什么不能退换，紧接着以顾客的健康作为考虑，让顾客站在自己的角度去理解，这是值得广大售后客服学习的方法。

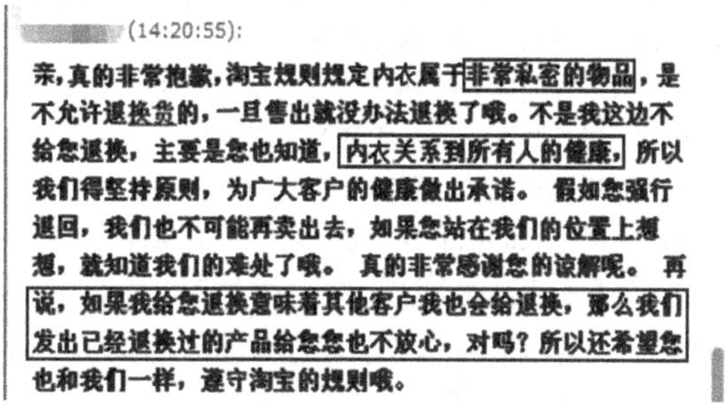

图5-21　售后客服声明退换后果截图

5.2 售后维护话术

同售前客服一样，售后客服的工作量也是十分繁重的，加上退货的顾客都是心有不满的，所以售后客服的工作是十分具有挑战性的。但我们依然可以发现顾客退货的理由有很高的相似度，大多数都是对商品不满意、对物流不满意。所以我们依然整理了一个售后维护话术，希望借此减少售后客服繁重的工作量，如表5-7所示。

表5-7 售后维护话术

抱歉话术	A.亲，真的很抱歉我们的服务没能让您满意，我这就为您登记售后情况，请问您这边是出现了什么问题呢？ B.您的情况我已经了解了，非常遗憾给您带来这么多不愉快，您这边是希望我们采取怎样的处理方式呢？或许我可以帮您申请一下。 C.亲，真的非常感谢您对我们的信任，这次错误是我们造成的，真的非常抱歉。不过您可以放心，我们可以帮您……（处理方案）
同意退款	A.亲，您好，退款申请已经同意了呢，建议亲用××大型快递寄回以下地址，特此提示：××等小型快递亲一定不要寄哦，以免产生丢件或长时间不到的情况。如果亲购买了运费险，一定要填写正确的单号保险公司才会索赔哦，亲有问题请联系售后，我们会给亲一个满意的答复的 B.在此替××店谢谢亲的宝贵意见哦，我们会督促自身，不断改善，不断进步，争取给顾客提供最好的服务
尺码问题	亲，实在是抱歉，也请您理解，我们售前客服的建议只是供您参考的，根据您提供的尺寸我们是面向大众化给予建议的，但是因为每个人的体形都不尽一样，所以建议尺寸无法保证百分百合穿的哦，所以建议您结合自己平时的穿衣习惯和体形来选择合适的尺码哦
测量方法	亲，是这样的哦，我们的衣服都是平铺度量的，每个人的手法不一样会出现一定的偏差的哦，一般相差1~3cm是属于正常范围之内的哦！还有，我们网页上面也有常规款式的测量方法，如果有些款式测量方法特殊的话，我们也会标注上去的哦！如果亲觉得我们的尺寸有问题的话，可以按照我们网页上面的测量方法进行测量，测量出来的尺寸偏差超过3cm，提供照片过来我们确认，是可以给您包邮退换货的哟

续表

证实发错	出现这种情况真的很抱歉，事先工作人员没有检查好商品就把商品发出去了，给您带来困扰，在此向您说声对不起。您看这样，麻烦您先垫付下运费，把现在收到的衣服寄回来，在收到退件后邮费会通过支付宝或银行卡转账给您的，同时我们给您重新发货，中间产生的邮费我们会全部承担，您看这样好吗
掉色问题	亲，您好，请您谅解，凡是深色些的棉质衣物第一二次洗过后都会掉些色的哟，因为棉质的衣物不像牛仔料子那么耐色的哟，亲可以在洗涤时先加入少许食盐浸泡半小时，再用清水手洗，这样可以减少衣服的掉色，按这样的方法持续把衣服洗过两次后便不会有掉色严重的问题出现哟 【未达到预期效果时告诉顾客正确的使用方式】
快递丢件	亲，现在我已经叫××快递尽快追回这个件，如果是丢件了，我们会让快递公司赔付，如果两天之后还没有任何物流信息，且仓库有现货的话，我们给您重发，亲，到时候您也提醒我一下
无物流显示	亲是这样的哈，我们都是用ERP系统发货的哈，可能系统把单号弄错了哟，其实货是发出去的哈，亲再耐心等待几天，如3天过后还没有收到货亲再联系我，我这边再给亲跟进？如有任何情况，我都会第一时间电话通知您的哈。【解除顾客疑虑】
预售款	亲，您之前的一个订单里面的一款××是5月15日的预售款了，所以现在要通知一下您，您看您能不能等到5月15日呢，或是现在先发有货的给您呢？或是您再换一个别的有货的款式呢？请您及时联系我们售后客服哦，谢谢您的理解
缺货留言	亲，您好！您于×月×日在××店拍下的……款式的……（裙子、上衣、羽绒服），由于……原因，导致仓库无法按时发货，在此，我们的售后客服代表本店向您表示深深的歉意，给您造成不便请谅解，我们尽量在这两天之内把货全部发出，如有疑问请随时联系我们的售后客服，谢谢理解
退货抱歉	亲，非常抱歉哟，我们的商品未让亲满意我们也很不开心，亲订的款式我们也卖了很多，每个人对商品的要求不一样，选择层次也不一样，我们也希望我们的商品可以满足每位顾客的需求，如果亲不喜欢我们的商品，可以在收到货的7天内联系售后进行退换货处理的
发货后要求退款	亲爱的，实在抱歉，您订单的包裹已经在路上，大概会在3天过后到您手上，如果您还是决定要取消这个订单的话，麻烦您到时候拒签一下，让快递公司将您的包裹退回来给我们，您方便的话，也麻烦您上线联系一下我们，告知我们已经拒收，我们会及时跟踪退回来的包裹，及时给您退款

5.3 中差评、维权电话沟通技巧

售后客服在收到中差评之后，单纯通过阿里旺旺平台向顾客解释沟通是不可行的，最直接的方法便是电话沟通。顾客拍下订单时都会留下自己的联系方式和详细信息，售后客服根据顾客留下的信息和顾客进行电话沟通，可通过说话的语气和态度显示自己的诚意，更加准确地表达自己的诉求。

　　根据图 5-22 所示的一份哈佛大学关于人体行为的研究报告，我们可以看出说话的内容和声音在人与人的交流中占了很大的比例，由此可以看出电话沟通的重要性。

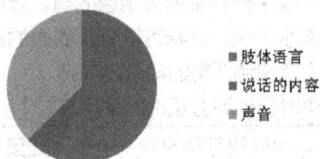

图5-22　哈佛大学关于人体行为的研究报告

5.3.1　电话沟通

　　售后客服在收到中差评之后，要第一时间积极主动和顾客取得联系，电话沟通便是联系顾客的途径之一。售后客服必须要明白电话沟通是最好的沟通方式。首先，电话沟通的方式可以让售后客服和顾客进行直接沟通，互动性极强，售后客服能够迅速把握顾客的需求；其次，售后客服通过语言的交流可以迅速读出顾客的感情和情绪，也能够根据顾客的情绪变化巧用不同的术语；最后，电话沟通极大地节省了时间，时效性极强，对于解决紧急问题非常有效。既然电话沟通有这么多好处，那么售后客服打电话给顾客时应该注意什么呢？

　　时机

　　打电话给顾客时一定要掌握时机，避免在吃饭、工作的时间段与顾客联系。如果电话接通了，开场白要主动表明自己的身份和目的，并礼貌地征询顾客是否有时间或是否方便接听电话。

　　准备

　　在拨通电话之前，售后客服需要整理出自己将要说的大致内容，顾客的相关信息、沟通的主题、事情的轻重缓急等，且最好先将这些内容列在你手边的纸张上，以免接通电话后，由于紧张忘了自己的讲话内容，或是表述不清楚。另外，和电话另一端的顾客沟通时的每一句话该如何说，要表达什么意思，售后客服都应该有所准备。

接通电话

接通电话之后就开始和顾客交流了。售后客服需要从声音、语气、态度、说话逻辑关系等各个方面进行把握，力图给顾客留下一个好印象。下面讲解在接通电话后应该注意的一些事项。

第一，要保持一个轻松愉快的心情，让对方听到你愉悦的声音。

即使面对的是给了中差评的顾客，售后客服也一定要以一个轻松的心情面对。因为大多数顾客都不是无理取闹的，他们给中差评一定是有原因的，那么我们就要以倾听者的身份去和他们交流，拉近与顾客之间的距离，为沟通提供较为轻松愉悦的氛围。

第二，售后客服一定要微笑，虽然对方看不到你，但是根据态度、说话的字眼等也是能感觉到的。

微笑是人类最美的语言，在电话沟通中也不例外。你不要以为隔着电话顾客就看不到你的微笑，但微笑可以通过你的态度和说话的字眼传递给顾客。调整语速、语调，将微笑传递给顾客，拉近与顾客的距离，让对方感受到自己的友好和诚意，让聊天的气氛更为轻松活泼，有助于沟通的顺利进行。

第三，认真听对方说问题出在哪里，适时地回答，不要打断对方。

售后客服在友好地自我介绍，并表明来意之后，就开始进入谈话的正题，即仔细询问顾客给中差评的原因。当顾客在回答自己的不满和给出中差评的理由时，请认真倾听对方的回答，必要时用纸笔记录下来，适时地回答对方的问题。切忌急于解释，打断对方，这样不仅不礼貌，还会让对方感到不满，致使谈话陷入僵局。

第四，当对方说完原因的时候一定要先说对不起，然后提出解决方案，给顾客一个保证，当然是以店铺能做到的为前提。

当对方说完时，售后客服应该了解了顾客给出中差评的主要原因，也许是因为商品质量、物流速度、客服态度等，但售后客服一定要从顾客的回答中总结他们不满意的地方。在清楚了解原因之后，无论是谁的过错，售后客服一定要先说对不起，然后和顾客确认是否是基于自己总结的原因给出中差评的。之后售后客服要给出一个解决方案，而这个解决方案的给出也一定要和顾客协商着完成。当和顾客达成一个双方都认可的解决方案时，售后客服要以店铺的实际能力给顾客一个保证，可以是对商品质量的保证、具体物流时间的保证、赠送礼品和代金券的保证等，让顾客对自己的店铺重新树立信心。

第五，向对方说明中差评对店铺发展的巨大影响，指导顾客修改中差评。

当顾客对解决方案感到满意之后，售后客服需要向顾客说明中差评对店铺发展的巨大影响，希望对方能够体谅，用真情去打动对方。当对方同意修改中差评之后，售后客服可以指导顾客如何在淘宝网页上修改中差评，再和对方确认是否已经修改成功。当顾客成功修改了中差评，售后客服的中差评维护就取得了成功，一定不要忘记对顾客的理解表示感谢。

总之，通过电话与顾客进行沟通和我们平时的通话可不一样，一定要注重每一个细节，让顾客对店铺的印象有一定的改观。我们需要微笑着服务顾客，相信通过努力总能换来意想不到的结果。

（5.3.2） 电话沟通的话术

以怎样的方式去表达更容易被对方接受？说什么样的话对方才感到舒

服？售后客服要善于总结顾客的心理，说出让他们更易接受的语言。下面，我们通过大量的案例总结了电话沟通的一些话术，希望对售后客服的工作有所帮助，如图 5-23、图 5-24 所示。

客服：

亲，你好。

我是淘宝网××网店的售后客服。之前您在我们店买了一件裙子/衣服，您还记得吗？

看到您给我们的留言了，您说：……真的非常抱歉，我们的服务没有能让您满意。这次给您打电话主要是想提高我们店铺的整体服务质量，您觉得我们这边除了评价里的内容没有做好之外，还有什么地方需要改进呢？

顾客：

…………

客服：
还有什么问题我们需要特别注意的呢？真的非常感谢您的反馈建议，我会把你的建议和意见反馈给我们的上级领导，并在以后的工作中避免犯类似的错误。为了表示感谢，我们店将为您赠送一个价值20元的优惠卡券，您可以在下次来的时候使用。您看一下什么时候方便上网领取？【也可以提供其他的补偿方式】
顾客：
…………
客服：
是这样的，还有一件事情想麻烦一下您，因为看到你给我们的是中差评，因为中差评对我们店铺的运营影响很大，我们也希望以后把所有的顾客都服务好，您看看是否能帮我们改一下评价呢？您直接把中差评改为好评就可以了，内容是您对我们店铺服务的真实反馈，您可以保留。
顾客：
…………
客服：
您看您什么时候方便上网改一下呢？现在还是今天晚上呢？您大概什么时候上网呢？【约定具体时间】
顾客：
…………
客服：
好的，那我在网上等你哦，到时候我教您怎么修改，也把优惠卡券送给您。

图 5-23　电话沟通话术（1）

A.我理解您的看法，也能体会您的心情。如果我能帮到您，我都尽量帮您处理，您看怎么样呢？衣服吊牌还保留，没有清洗过的话我们还是可以给您退换货的。邮费我们这边也承担，您看是退货好还是换货好呢？

其实这次麻烦您我自己也觉得很抱歉，但是真的希望下次有机会给您更好的服务，这次您能否帮我一个忙呢？其实也不是我们一定要您改，评价内容您都可以保留的，只是希望改为好评，这样您看行吗？

B.亲，真的非常抱歉，其实我给您打电话也是想帮您解决问题，我会尽我的能力帮您申请到相应的补偿，那您看看怎么处理比较好呢？

虽然我的权力没有店长大，但是我会尽快、尽力去申请的哦。也希望您可以给我们一个弥补的机会，谢谢您了。

C.非常感谢您的谅解，这样的问题我会反馈到相关部门解决，保证以后再也不会犯了。刚才答应您的事情，我会马上去做，到时候给您结果反馈，好吗？谢谢。
【沟通注意谦虚、礼貌，准备足够的解决补偿方式，尽量和顾客礼貌协商】

图 5-24　电话沟通话术（2）

但日常的售后工作中可不是每一次都这样顺利的，也有许多顾客不愿意修改中差评，那么这个时候售后客服又应该怎么去和顾客沟通呢？

通过电话与顾客进行沟通，无论是成功还是失败，我们都要从中积累经验，更多地着眼于提高自己的能力。如图 5-25 所示，售后客服需要在以下5 个方面不断提高自己，提升电话沟通的技能。

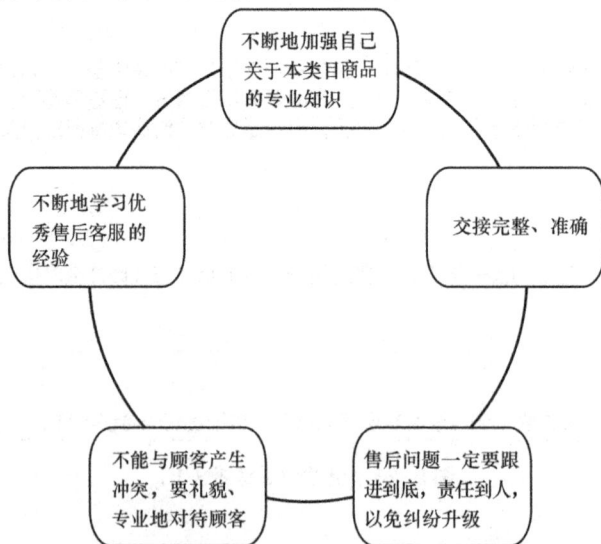

图5-25　售后客服提高自己的5个方面

5.3.3 中差评案例及处理方法

淘宝卖家也有法定的节假日，尤其是新年期间，快递公司休假会直接影响卖家的发货，所以顾客在新年期间拍下的商品只能等到快递公司上班后才能统一发货。可是部分顾客会在此期间以延迟发货为借口，投诉卖家以获得赔偿。见图 5-26。

法定节假日期间拍下商品，卖家休假，投诉违背承诺延迟发货

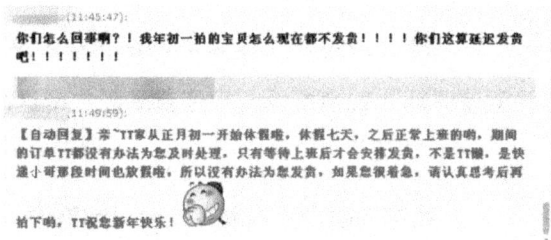

图5-26 顾客投诉卖家

处理办法：

A. 休假的时候在页面做出发货、售后服务暂停提醒；

B. 如果假期较长，那下架相应商品（淘宝官方的建议，但是这个方法的损失是比较大的）；

C. 节假日安排客服值班。

顺丰是较为昂贵的快递公司，但以专业、快捷的特色深受顾客喜爱，所以很多顾客希望包邮的卖家能选择顺丰，但这又超出了卖家的预算范围。这种情况容易引起顾客不满，如图 5-27 所示。

全场包邮，但是顾客要求顺丰包邮，产生纠纷

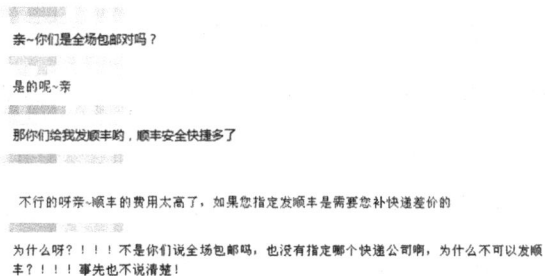

图5-27 引起顾客不满的情况

处理办法：

A. 使用正确的运费模板；

B. 在商品描述里面写清楚包邮是发什么快递（但是不能拒绝偏远地区包邮 EMS，也就是说偏远地区你也得包邮发出 EMS，且不可以要求顾客补运费）。

因为库存问题产生的纠纷并不在少数，尤其是当卖家遇到"恶意差评师"的敲诈时。例如卖家做的是分销，因为库存同步于供应商，供应商之下有 100 个分销商，该卖家只是其中一个。然后某恶意差评师连续分开拍下几次都不付款，等到库存显示为 1 或 2 的时候付款，卖家因库存不准不能及时发货，"恶意差评师"就会投诉卖家违背承诺、延迟发货。如图 5-28 所示。

库存问题产生中差评或者引起敲诈

图5-28 卖家被投诉的情况

处理办法：

A. 下架库存太少（一般小于 10 件）的商品（如果你保证可以及时补货则可以保留）；

B. 在顾客购买库存较少的商品时，提醒顾客因为库存关联供应商 ERP 系统加上分销商多，可能库存不准，希望顾客购买其他款式或者做好无货时换货的心理准备。

天猫商城是由淘宝分离而出，它作为名牌旗舰店的聚集地，有品牌和质量的保证，也是支持专柜验货的。也正由于天猫商城的便捷和优质的保障，不少买家爱钻漏洞，企图通过敲诈骗取钱财，他们往往喜欢着眼于商品的质量、品牌的真伪等方面进行投诉，如图 5-29 所示。例如买家 A 随便拿商品去做检测，出具的检测报告与卖家 B 的不符，于是投诉材质不符标准，以此勒索卖家 B。

天猫商城商品材质不符标准引起敲诈

图5-29 卖家因质量、品牌等因素被投诉

处理办法：

A. 天猫商家商品上架前检测好材质问题；

B. 天猫商家确保自己的检测报告准确无误（不能因为厂家的疏忽导致材质出现问题）。

关于赠品的投诉主要针对一些赠品有独立链接的卖家，卖家会要求顾客单独拍赠品，发货的时候卖家忘记对赠品单击发货，买家页面一直显示"等待卖家发货"，"恶意差评师"面对卖家的这点小粗心也会发起投诉。

处理办法：

A. 每日排查未发货订单，确保按时将所有订单发走；

B. 如果担心小赠品这个问题产生，可以不做独立链接。

淘宝规定买家在退款、投诉的时候都要上传相应的凭证，客服和顾客的阿里旺旺聊天记录是买家常常会选择的凭证，部分买家为了让淘宝小二偏向自己，故意去捏造聊天记录，通过 Photoshop 等软件修改聊天图片或者删除不利于自己的言论，借以投诉卖家，如图 5-30 所示。

买家提供的聊天记录造假，投诉卖家

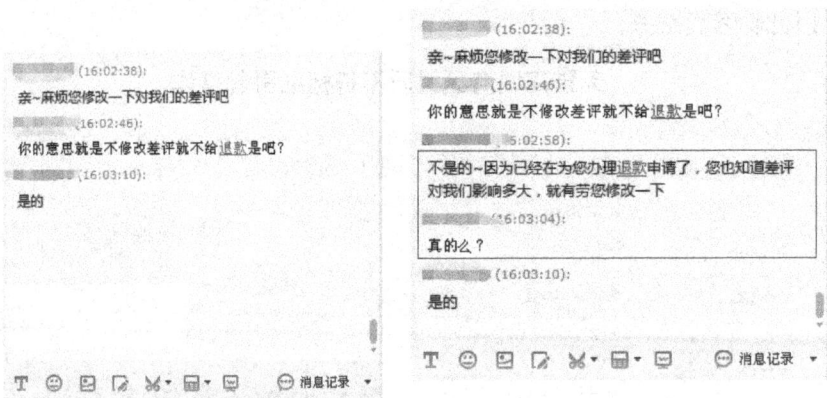

买家提供的聊天记录   卖家提供的聊天记录

图5-30　买家造假聊天记录投诉卖家

处理办法：

举证造假聊天记录，售后客服应提高警惕，注意查看聊天记录是否出现破绽。

由于店铺的阿里旺旺接待量巨大，一些大型店铺会有物流单号输入错误的情况，顾客在卖家发货几天之后依旧查不到物流信息，就会怀疑卖家虚假发货，严重的还会投诉卖家延迟发货。

处理办法：

A. 售后客服要养成排查物流异常信息的情况（可借助软件完成排查工作）；

B. 一旦发现物流单号错误，及时用阿里旺旺通知顾客正确的物流单号。

买家的订单信息是指买家根据自己对商品的需要拍下商品时所形成的订单信息，例如对商品颜色、大小、形状的选择；而买家的备注信息就是指卖家页面没有提及的一些次要信息，但如果买家买 M 码，备注请发 L 码，买家订单与备注信息冲突了，应该怎么办？

处理办法：

A. 售后客服要第一时间与顾客取得联系，确认顾客对商品要求的准确信息；

B. 如果通过各种途径都无法联系买家，则以买家的备注信息为准进行发货。

顾客在购买商品的时候都会担心发货时间、快递物流等问题，但当我们遇到了"恶意差评师"，回答时就要特别小心了。比如"恶意差评师"问售后客服是否当天可以发货，售后客服回答可以。"恶意差评师"马上拍下一个货到付款，但因为地址偏远，快递无法在当天发出，于是他们就会投诉卖家违背承诺。

处理办法：

A. 售后客服先问清楚顾客发什么快递、发到哪里，再承诺发货的时间；

B. 售后客服在回答与时间有关的问题的时候，最好只用尽量、争取、优先安排发货等话术。

当店铺出现返还差价、邮费以进行补偿时，顾客和售后客服在进行协商之后，售后客服同意赔付顾客一定的价额，但在执行的时候并没有及时返还，可能由于疏忽、工作上事务繁多等情况忘记了或者有所延误，心急的顾客可能会发起违背承诺投诉，这个时候应该怎么办呢？

处理办法：

A. 不能随便承诺，只能用尽量、争取、优先等话术；

B. 在承诺对方后将待办事项记录下来，及时处理；

C. 出示财务不在公司的证明。

第 6 章

客服销售数据监控

引 言

怎样才能证明你是一个优秀的客服呢？一个优秀的客服不仅仅是态度很好地回答顾客的问题，更要将自己的服务转化为店铺的实际盈利，而这些盈利只能通过数据来表现，所以客服销售数据是衡量客服是否称职的最好标准。销售数据监控的重要作用如图6-1所示。

在这一章中，我们将对客服销售数据的监控进行一番探讨，而这些销售数据是由多种数据组合而成的，例如客服销售量、客单价、询单转化率等，这些都是检验客服工作的有效标准。

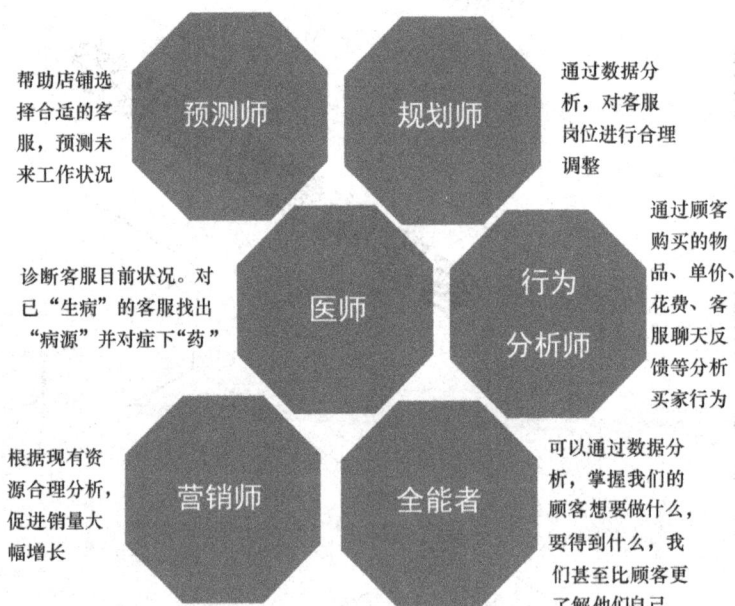

帮助店铺选择合适的客服，预测未来工作状况 —— 预测师

规划师 —— 通过数据分析，对客服岗位进行合理调整

诊断客服目前状况。对已"生病"的客服找出"病源"并对症下"药" —— 医师

行为分析师 —— 通过顾客购买的物品、单价、花费、客服聊天反馈等分析买家行为

根据现有资源合理分析，促进销量大幅增长 —— 营销师

全能者 —— 可以通过数据分析，掌握我们的顾客想要做什么，要得到什么，我们甚至比顾客更了解他们自己

图6-1　销售数据监控的重要作用

6.1 客服销售量的统计

客服销售量是指客服在一定的工作时间内销售商品的数量。客服销售量是客服考核的一项重要指标，是对客服销售能力的综合考验。我们不仅要单独对某一客服的销售量进行统计，还要将其与总销售量和其他客服的销售量进行对比。

6.1.1 客服销售量占总销售量的比例

店铺总销售量是指在一定时期内店铺交易成功的商品数量，由静默销售量和客服销售量两部分组成。静默销售量是指商品通过页面展示给顾客，顾客通过对页面的详细阅读后，下单购买商品，我们将以这种自助选购的方式销售出的商品数量称为静默销售量。而通过咨询客服、客服推荐等人工销售下单的购买方式，我们称之为客服销售，以这种方式销售出的商品数量称为客服销售量。

一般来说，客服销售量达到店铺总销售量的 60% 是比较正常的水平，类似于茵曼、阿卡、欧莎、裂帛、天使之城这样的超级大店铺，客服销售量应达到店铺总销售量的 55%～60%。因为店铺越大型、越正规，页面信息就越详细，顾客通过评价获取的可靠信息也就越充分，所以对于在超级大店铺购买商品的顾客而言，客服咨询的必要性会稍弱一些。当然，要知道这些超级大店铺也是通过不断的积累成长起来的。对于中型店铺的客服而言，客服销售量占比要接近 60%，不能偏离得太多。如果客服销售量占比不能达到这样的数据，那可能说明店铺里的客服是没有培训好的，客服的责任心也是不足的。我们可以做一个简单的思考，如果卖家请的客服不能有效地帮助自己的店铺取得较高的销售额，那么卖家何必花钱请客服呢？

图6-2所示是某店铺一个月的销量情况。我们将店内的4名售前客服的销售量相加，得出客服销售量数据为1132件，而店铺在当月的总销售量为1875件。通过计算，得出该店铺的客服销售量的占比约为60.4%，这样的数据是比较令人满意的，说明该店铺的客服具有较为良好的销售技巧。

客服销售量占店铺总销售量的比例是我们考核客服工作的一个重要指标，主要用于考查客服的销售能力，这其中包括客服对商品的熟悉度、销售术语、销售技巧、销售态度等各个方面，是客服综合能力的表现。

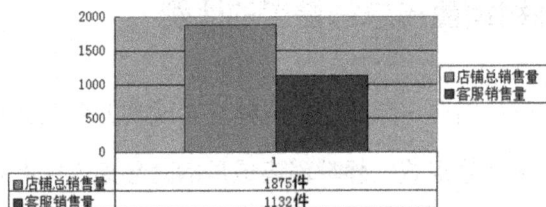

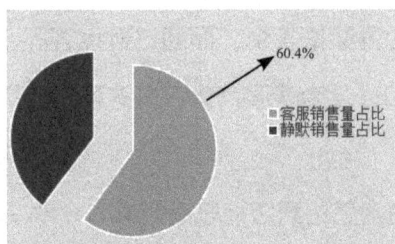

图6-2　某店铺客服销售量占店铺总销售量的比例

6.1.2　客服之间销售量的对比

卖家在衡量客服的工作情况时会以数据作为判断依据，哪一位客服努力认真，值得表扬晋升？哪一位客服的工作存在着严重失误，需要培训改变？这些都需要以数据作为基础进行分析。

如何衡量客服之间的工作效率与工作态度呢？对比几个客服的销售量是

检验客服工作的办法之一，以数据作为客服之间对比的标杆，可以更加准确地判断哪一个客服的工作效率更高，哪一个客服的工作效率有待改善。除此之外，还可以通过对比客服之间的销售量来检查店铺的分流是否科学完善、客服工作是否到位。

图 6-3 所示是某淘宝店铺的 7 个客服一个月的销售量统计，我们主要看"拍下件数""拍下笔数""拍下订单数"这 3 个数据，因为这些数据是对客服销售量最直接的反映。特别是"拍下件数"的数据，我们将这一项数据用柱状图进行表示，就会清晰立体地看出每一位客服的销售量情况。我们将店铺内客服销售量的总数除以客服的人数，得到了客服平均销售量约为 70.57 件。我们可以直观地发现，A、B、C 3 位客服的月销售量明显低于店铺的客服平均销售量，而 D 客服以 95 件的月销售量成了当月销售量最高的客服。

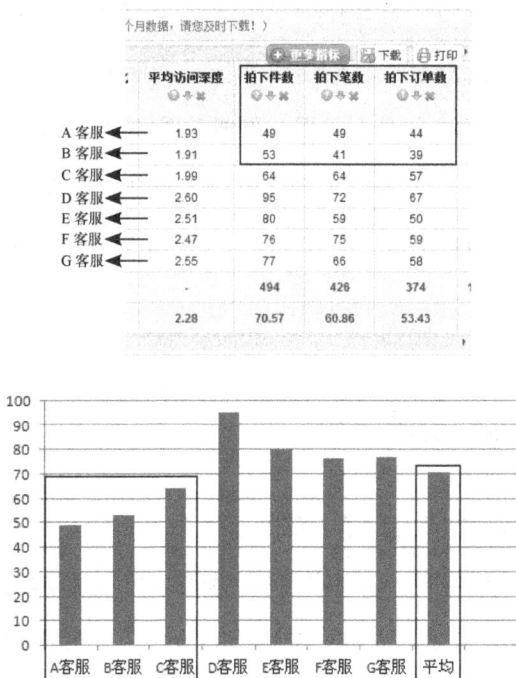

	平均访问深度	拍下件数	拍下笔数	拍下订单数
A 客服	1.93	49	49	44
B 客服	1.91	53	41	39
C 客服	1.99	64	64	57
D 客服	2.60	95	72	67
E 客服	2.51	80	59	50
F 客服	2.47	76	75	59
G 客服	2.55	77	66	58
-		494	426	374
	2.28	70.57	60.86	53.43

图6-3 客服销售量对比

通过对以上数据的分析，我们能够了解当月每一位客服的工作情况。首先 A、B、C 3 位客服的工作积极性有待提高，而是否是在销售能力环节出现了问题，还有待卖家查看客服的聊天记录。但可以知晓的是，这 3 位客服在上月的工作中是没有尽职的，需要卖家详细地找出他们失职的原因。D客服超额完成了当月的销售量，无论从销售能力和对工作的投入性来说都是值得嘉奖的，卖家也可以总结他成功背后的一些经验，并和其他客服分享。

对比客服之间的销售量是查看每一位客服工作情况的必要手段，对于检验客服的工作具有积极的效果。

6.2　客单价的监控

客单价是指平均每个订单的平均单价，客单价 = 总销售额 ÷ 总订单数。通过客单价的计算公式我们可以看出，影响客单价的最关键的因素在于总销售额和总订单数。显而易见，要提高客单价，最重要的是要让顾客尽可能多地购买商品，增加每一笔订单的销售额。客单价有店铺客单价和客服客单价之分，客服客单价是对客服的搭配能力和销售能力的巨大考验。

6.2.1　影响客单价的因素

搭配销售又被称为商品联卖，就是买家在购买所需要的商品时，被卖家推荐商品的周边搭配吸引，于是产生了购买欲望。卖家这种销售关联商品的行为就是搭配销售，目的在于提升客均购买件数，从而提高客单价。

如图 6-4 所示，影响客单价的因素是多样的，其中包括客服的搭配销售、搭配推荐，客服对促销活动的传递，商品性价比及商品系列推荐等。客服在对顾客进行推荐时总要找到一些"借口"让顾客尽可能多地购买，可以以成套商品、邮费、销售量、顾客反馈等多种方式进行推荐。客服的搭配销售不仅能够检验客服的销售能力，也反映了客服对商品的熟悉度，并且还加入了自身对商品的理解与体验，是客服能力成熟的重要标志。

我们以女装类目的商品作为案例进行讲解，如果一个顾客咨询客服一件外套的尺码大小、颜色、上身效果等问题，那么客服就要准确地把握顾客的刚性需求——一件外套。那么顾客单买一件外套会不会不好搭配，单买一件外套价格是否划算等问题，客服都要为顾客考虑。客服可以向顾客推荐外套的搭配方法，毛衣、T恤、围巾、项链、裤子等都可以作为客服向顾客推荐的搭配服饰，通过这样的搭配销售可以提高客服客单价。

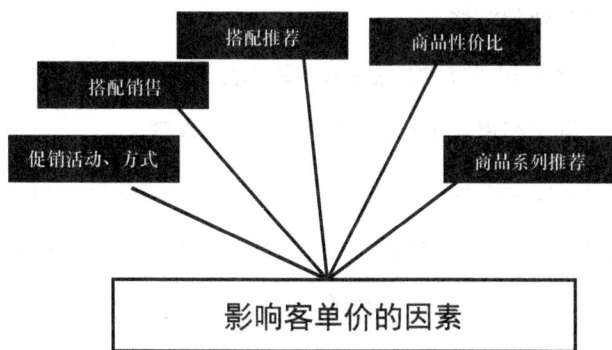

图6-4　影响客单价的因素

6.2.2　客单价的对比

店铺客单价和客服客单价的对比

假如你的店铺客单价是10元，那么你的客服客单价至少要达到12元。我们可以试想一下，如果人工客服服务所带来的收益还不及静默转换率高，那么证明你请来的客服是可有可无的。所以通常来讲，客服客单价一般要高出店铺客单价 15%～30%。

如图 6-5 所示，1 号客服和 2 号客服的客单价均比店铺客单价高出了 15%～35%，而 3 号客服的客单价则低于要求的范畴，由此可以看出 3 号客服的搭配销售技能水平较低，应在后期加强对他的培训。一个优秀的客服不仅仅要引导顾客购买所咨询的商品，还要巧妙地引导顾客购买关联商品，从而提高客单价。

客服	付款金额（元）	接待人数（人）	客单价（元）
1号	107,749.75	1406	205.63
2号	92,568.11	949	247.51
3号	227,581.44	2823	193.19
汇总		5178	205.31

图6-5　某店铺的客单价

客服客单价之间的对比

客服客单价之间的横向对比是指在指定的一段时间内，对所有客服的客单价进行对比，真切而直观地反映出客服的工作水平。

如图 6-6 所示，我们可以通过 3 个客服的客单价对比，分析这 3 个客服的搭配销售能力，花 ×× 的客单价最高，比其他两位平均高出差不多 40 元。那么可以推算出花 ×× 这位客服的搭配销售技巧是相当不错的。

客服	付款金额（元）	接待人数（人）	询单人数（人）	付款人数（人）	询单转化率	客单价（元）
黛××	107,749.75	1406	952	524	55.04%	205.63
花××	92,568.11	949	651	374	57.45%	247.51
1	227,581.44	2823	1842	1178	63.95%	193.19

图6-6　某化妆品店铺客服客单价对比

需要注意的是，有些优秀的客服并不是每次客单价都是最高的那个，而是客单价一直处于中上水平，波动不大，稳定性极强的客服。这类客服基本掌握了搭配销售的要领，是店铺不可缺少的顶梁柱。

6.3 客服询单转化率的监控

询单转化率是卖家对客服工作考核的又一重要数据，也是考查客服综合能力权重最高的一项数据，如图 6-7 所示。下面我们主要从概念和数据的收集方式两方面进行讲解。

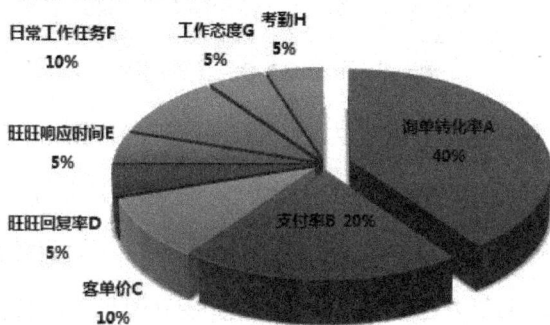

图6-7　客服综合能力考查权重

6.3.1 询单转化率的概念

什么是询单转化率？在弄清这个概念之前，我们要先了解什么是询单人数。通俗来讲，询单人数就是来店铺咨询的人数，询单转化率就是来店铺咨询并最终下单的人数占来店铺咨询人数的百分比，即询单转换率＝付款人数 / 询单人数。比如一天之内有 50 个顾客向客服咨询商品的信息，只有 25 个顾客下单购买，那这位客服一天的询单转化率就是 50%。从上面的公式中我们可以看出决定询单转化率的因素有两个：付款人数和询单人数。

询单转化率主要反映的是客服的专业能力。买家既然进行了咨询，说明买家已经产生了购买意向，只要正确地引导，成交的概率可达到 90%，询单转化率越高，说明自己所招聘的客服能力越强。下面我们来研究一下影响询单转化率的因素，图 6-8 所示是影响询单转化率的 4 个因素。

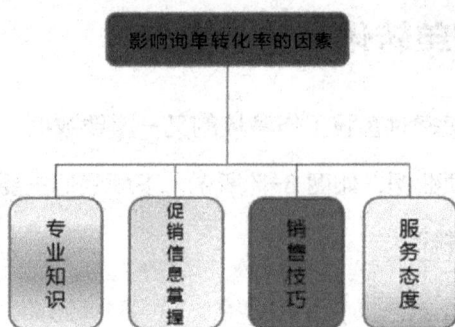

图6-8　影响询单转化率的因素

　　询单转化率是对客服整体能力的考验，询单转化率的高低在一定程度上与客服的专业知识、促销信息掌握、销售技巧、服务态度等密切相关。

　　客服对专业知识的掌握在顾客眼中是极为重要的，是顾客信赖客服的推荐、建议的前提保证。客服需要了解的专业知识如图6-9所示。客服具备了一定的专业性，在面对顾客的各种咨询时才能够得心应手，所回答的内容与推荐的商品才更具有说服性，这对于询单转化率的提高有很大帮助。

图6-9　客服需要了解的专业知识

　　客服还需要掌握促销信息，例如优惠券的使用条件、包邮的条件、打折的条件等，这样在向顾客叙述活动细则的时候才会更加清晰，也不会让顾客一头雾水，降低其购买欲望。必要的销售技巧是提高询单转化率的必要技能，要力图使顾客的购买欲望变强，恨不得立刻拍下商品。而客服的服务态度也是顾客比较看重的一点，这将直接影响顾客购买时的心情。这些都是影响询单转化率高低的重要因素。

6.3.2　询单人数和付款人数的统计

　　从询单转化率的概念着手，我们了解到询单人数和付款人数是决定询单转化率的最关键的两个因素，那么我们就需要对这两个数据进行统计和分析。图 6-10 所示是对某化妆品店客服询单人数、付款人数的统计。

客服	接待人数（人）	询单人数（人）	付款人数（人）	询单转化率
丁丁	846	790	388	49%
红红	934	600	325	54%
涵涵	1134	713	414	58%

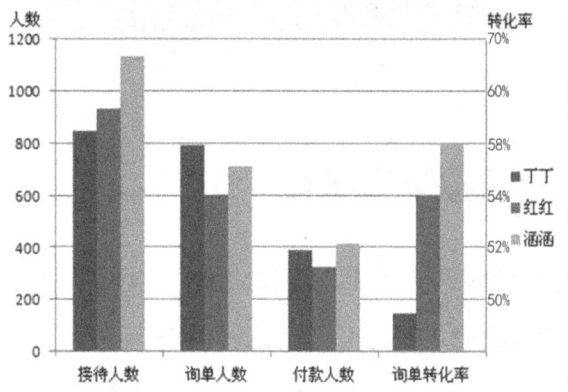

图6-10　某化妆品店铺询单人数和付款人数的统计

从图 6-10 所提供的数据中可以看出 3 位客服的询单转化率是不同的，而一般而言，客服的询单转化率要在 60% 左右才算合格。从决定询单转化率的两个关键因素着手，我们发现接待人数多的客服，在询单人数和付款人数上也占有一定优势，接待人数分布是否平均，决定了店铺的顾客分流是否合理。而在询单人数相同的前提下，付款人数越多的客服在专业知识的掌握和熟练度上都是有一定优势的，客服涵涵就在高接待人数、高付款人数的基础上取得了询单转化率 58% 的好成绩。

图 6-11 所示为客服业绩与询单人数的关系，从这个数据中我们可以看出，即便在询单转化率处于中等的水平上，询单人数越多的客服业

绩相对更好。

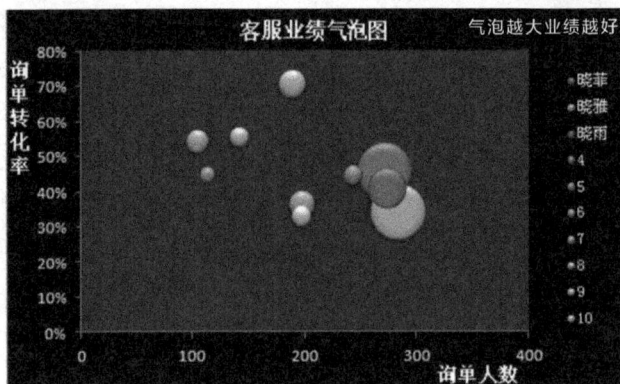

图6-11　客服业绩与询单人数的关系

6.4　客服退款率统计

任何店铺都免不了商品的退款，我们常说的退款率是指退款商品的数量与实际销售数量之间的比值。客服退款率是对客服售后能力的巨大考验。值得注意的是，处理顾客退款是一项具有挑战性的工作，退款率的高低综合反映了客服对商品的熟悉度、对顾客的责任心、面对困难的解决能力等。顾客退款的原因多种多样，如图6-12所示。

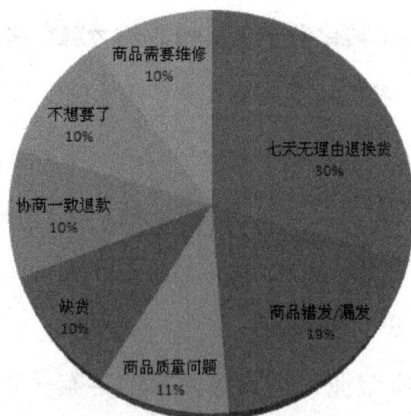

图6-12　顾客退款的原因

6.4.1 客服退款量占店铺整体退款量的比例

客服退款量是指经由客服处理的订单中，顾客购买商品后由于各种原因退回商品的订单数量，而店铺整体退款量是指整个店铺退款的订单数量，其中包括客服退款量和静默退款量。客服对退款订单的处理情况反映出了客服的危机应变能力，我们可以根据客服退款量看出客服处理退款订单的方式和原则。

图 6-13 所示是某店铺的客服退款量和店铺整体退款量的统计数据。我们首先对店铺的退款数据进行分析，整个店铺的退款率达到了24.2%（104 件 /430件），这是一个不容乐观的退款率。我们继续看客服所反映的数据，经由客服处理的纠纷退款，退款率仅为 7.1%（23 件 /325 件），退款的订单数仅为 23笔，占店铺整体退款量的 22.1%（23 件 /104 件），所以这家店的退款率的产生与顾客的静默退款有关，也就是说这家店铺在商品质量上没能让顾客满意。一般来说，客服退款量占店铺整体退款量的比例在 20% 左右比较正常，所以这家店的客服在处理客服退款问题时是比较有智慧的。

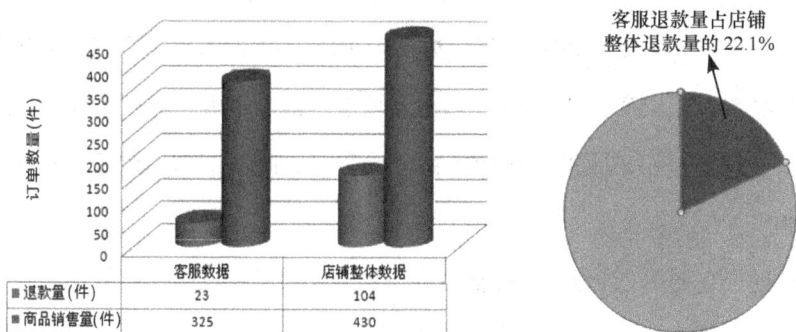

图6-13 某店铺的退款量统计

6.4.2 客服退款量占客服销售量的比例

客服销售量是经由客服本人销售出的商品的订单数量，客服退款量就是顾客退回商品的订单数量，而这两个数值的比值就是我们要研究的内容，也就是我们常说的客服退款率。

如何处理顾客的退货要求是对客服综合素质的考验，而客服退款率以数据的方式对全店的退货情况与客服的工作情况进行了量化考查。我们先来看一组数据，图6-14所示的退款率是与退款金额相关的概念，对客服退款量占客服销售量的比例有一定的参考作用。

客服	付款金额（元）	退款金额（元）	退款率
黛××	107,749.75	11,131.06	10.33%
花××	92,568.11	4,123.13	4.45%
1	227,581.44	4,866.02	2.14%
汇总	427,899.30	20,120.21	4.70%

图6-14 某化妆品店的退款率

这是一家化妆品店的退款率统计，首先我们看到3个客服的退款率是不一样的，其中黛××的退款率最高，达到了10.33%。而我们再看整个店铺的退款率仅为4.70%，黛××的退款率远远高于店铺退款率，这些数据说明了黛×的专业知识是不牢固的，导致顾客一旦有售后问题就申请退款，没有回旋的余地。

客服一定要尽自己最大的能力去说服顾客，降低顾客的退货欲望，减少店铺的退款率。一个合格的售后客服，对顾客的解答与服务通常情况下能使退款率降低60%～80%，可以说售后客服对店铺的退款率有决定性的作用。

6.5 客服响应时间考核

客服响应时间长短是客服是否在线、是否以最佳状态迎接顾客的最有力证据。正如我们进入一个实体店，如果导购员对我们的需求爱理不理，那么我们肯定不会在这家店购买商品。这样的规律同样适用于网店，如果客服对顾客的疑问的响应时间过长，也会流失一部分顾客，所以客服对顾客需求的及时响应十分重要。我们通常把客服响应时间分为客服平均响应时间和客服首次响应时间。

旺旺回复率考核

旺旺回复率是客服回复顾客咨询的一个人数比例，即客服实际回复人数占当日所有顾客咨询人数的比例。旺旺回复率的高低可以反映客服工作的积极性的强弱，如果客服对每一位前来咨询的顾客都回应了，那么旺旺回复率应该为100%。影响旺旺回复率达不到100%的因素主要有客服旺旺离线后顾客发的消息没有得到回复，不过正常情况下旺旺回复率应达到97%或以上。

如图6-15所示，演示账号客服1、2、4、5的旺旺回复率均在97%以上，只有演示账号和演示账号客服3的旺旺回复率未达标。但旺旺回复率的统计有一个弊端，即无法检查到客服回复顾客的时间间隔长短，有些客服隔了很长时间才回复顾客，而这样的回复是无效的。所以我们在考查客服工作积极性的时候还应该参考下面两个数据——客服平均响应时间和客服首次响应时间。

旺旺账号	总接待	总人息数	买家消息数	客服消息数	客服字数	最大同时接待数	旺旺回复率	平均响应时间（秒）	首次响应时间（秒）
演示账号	1278	7576	4560	3016	212958	14	39.28%	61	36.62
演示账号 客服2	740	13391	6635	6756	130721	14	97.97%	50	44.01
演示账号 客服1	728	13913	6659	7254	226495	11	97.39%	53	2.58
演示账号 客服4	559	14114	5689	8425	222090	11	98.93%	34	0.54
演示账号 客服5	503	11559	5189	6370	151733	13	99.2%	29	17.2
演示账号 客服3	2	4	4	0	0	1	0%	0	0
汇总	3810	60557	28736	31821	943997	64		37.83	
均值	635	10092.83	4789.33	5303.5	157332.83	10.67	72.13%	37.83	21.07

图6-15　某店铺客服回复率统计

客服平均响应时间

客服平均响应时间是指客服在回复顾客的过程中，从顾客咨询到客服每一次响应的时间差的均值。这个数值越小越好，可以帮助店铺分析客服的响应是否及时。一般中小型店铺的客服平均响应时间是 16 秒。

图 6-16 所示的数据显示，这家店铺整体的客服平均响应时间过长，远远超过 16 秒，这样的客服平均响应时间是急需改善的。造成客服平均响应时间过长的原因如下。

旺旺昵称	总接待	总消息数	买家消息数	客服消息数	客服字数	最大同时接待数	旺旺回复率	平均响应时间（秒）	首次响应时间（秒）
演示账号	1278	7576	4560	3016	212958	14	39.28%	61	36.62
演示账号客服2	740	13391	6635	6756	130721	14	97.97%	50	44.01
演示账号客服1	728	13913	6659	7254	226495	11	97.39%	53	2.58
演示账号客服4	559	14114	5689	8425	222090	11	98.93%	34	0.54
演示账号客服5	503	11559	5189	6370	151733	13	99.2%	29	17.2
演示账号客服3	2						0%	0	
汇总	3810	60557	28736	31821	943997	64	72.13%	37.83	21.07
均值	635	10092.83	4789.33	5303.5	157332.83	10.67			

图6-16　某店铺客服平均响应时间

1.客服接待压力

客服接待压力具体是指在某一个时间段内客服同时接待顾客的人数。接待顾客人数越多，客服接待压力就越大。客服同时接待人数的多少会影响客服响应时间，这就涉及店铺的分流。

通过图 6-17 所示的接待压力分析图可知，客服接待压力是有时间段分布的，从 22:00 到次日 8:00 咨询量较少，而从 10:00 到 22:00 接待人数较多。这家店铺最高峰接待顾客 71 人，而在其他高峰时段平均接待量也为 60 人左右。假设这家店铺有 10 位客服，在分流合理的情况下，高峰期的接待量达到每位客服 7 人。由于高峰时期咨询量较大，客服平均响应时间可能会延迟 8~12 秒，所以客服接待压力的大小直接影响客服平均响应时间。

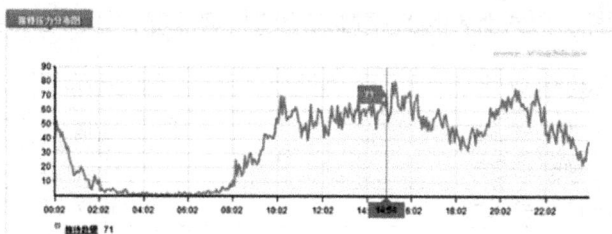

图6-17　某店铺一天的接待压力分布图

2.客服对商品的熟悉度

顾客向客服咨询的问题大多都是围绕商品进行的，那么客服对商品必须要有相当全面的认识。尤其是当顾客通过阿里旺旺向你咨询关于商品质量、材质、大小、尺码、颜色等问题时，客服要以最快的速度回答，才能保证较短的响应时间。

通过图6-18所示的聊天记录可知，这位客服对工作是有一定的积极性的，也一直努力在回答客服的疑问，可他的平均响应时间约为165秒，这么长的响应时间很容易丢失顾客。我们通过他们的对话发现，这位客服主要将时间花费在了对商品的查询中，由此可见这位客服对自己店铺的商品是相当不熟悉的，所以才会使得平均响应时间这么长。客服对商品越熟悉，回答顾客的疑问所花费的时间越短，越能保证较短的平均响应时间。

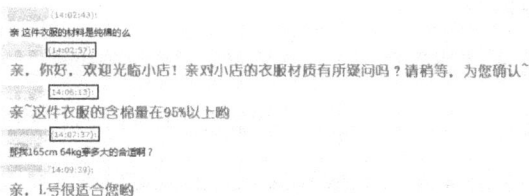

图6-18　某客服聊天记录

3.客服的打字速度

客服的打字速度也是影响平均响应时间的重要因素之一。在其他条件相同的情况下，客服打字速度越快，平均响应时间也就越短。所以我们需要对客服的打字速度进行训练，对客服进行定期培训、测速，登记情况后将其纳为每月考核指标，以求强制性地提高客服的打字速度，如图6-19所示。

1分钟50字以下	不及格
1分钟50~60字	合格
1分钟61~70字	良好
1分钟70字以上	优秀

图6-19 客服打字速度测试

　　客服一定要时时练习打字，以求提高打字速度。客服要有提高打字速度的意识，在闲时练习打字。店铺争取每个月测试4次，还可以为打字速度测试排名位于前列的客服发放一定的物质奖励，从硬件上消除影响客服平均响应时间的因素。

客服首次响应时间

　　客服首次响应时间是指顾客联系客服后，客服在接待过程中，从顾客咨询到客服回应的第一句的时间差。客服通过阿里旺旺设置的自动回复是不能算在第一次响应时间里面的。客服首次响应时间数值越小，留住顾客的机会就越大，正常情况一般为20秒左右。

　　如图6-20所示，这个店铺客服的平均首次响应时间是21.07秒，是基本合格的一个数值。但当我们具体分析每一位客服的首次响应时间数值时，就会发现客服之间的首次响应时间差距较大，首次响应时间最长的达44.01秒，而最短的只有0.54秒，这让我们不得不探究其中的问题所在。

图6-20 某店铺客服首次响应时间

1.快捷回复设置

客服缩短首次响应时间的方法之一便是利用快捷回复设置，快捷回复并不是系统自动回复，而是客服预先设置好相应的短语，通过快速回复键迅速回复顾客的咨询。

如图6-21所示，设置快捷回复在很大程度上缩短了客服首次响应时间，从而以最快的速度留住顾客，降低跑单率。可在系统设置中设置快捷回复，如图6-22所示。

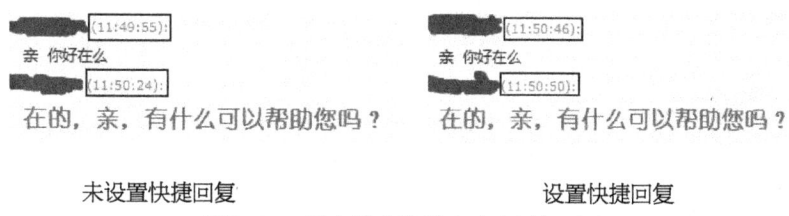

未设置快捷回复　　　　　　　　　　设置快捷回复

图6-21 某店铺客服首次响应时间对比

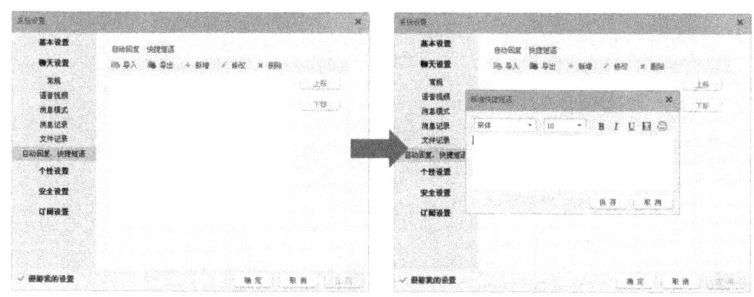

图6-22 设置快捷回复

2.客服的反应速度

客服的反应速度指客服接收到顾客的咨询后做出反应的时间，我们常常说"要找一个聪明的客服"，那么客服的"聪明"很大程度体现在他的反应速度上。客服接到顾客的咨询后应该立刻进入最佳的工作状态，而不是心不在焉、懒懒散散。客服的反应速度也反映了客服对这份工作的兴趣和工作时的状态，店铺也应该树立自己独有的工作精神，从而让客服更加热爱自己的工作。

第 7 章

客服的招聘、培训和管理

面对日益增长的顾客订单、不断壮大的网店，卖家单枪匹马的年代早已过去，网店对专业客服的需求显得更为迫切，客服的招聘迫在眉睫。那么什么样的人群适合客服工作？怎样的招聘方式更加有效？新员工入职后应该进行怎样的培养与管理？这些问题都是我们需要在这一章中一起探讨的。

7.1 客服的招聘和培训

随着电子商务的迅猛发展，卖家急于找到一些帮手来打理店铺，招聘客服成为淘宝卖家的当务之急。卖家应该将客服作为团队的重要组成部分。一群人在一起做事并不能称为团队，团队是拥有共同价值观和共同目标的组合，团队的建设需要卖家对应聘者进行多方面的考虑。

7.1.1 客服的招聘

店铺在招聘客服的时候，要明确自己需要哪一类客服，自己是需要将客服集中于一个办公空间统一管理，还是远程管理客服即可，要对职业适合的人群和自己的招聘方式有一个基本的认识。在进行招聘之前，我们需要弄清楚所组建团队的架构，如图 7-1 所示。

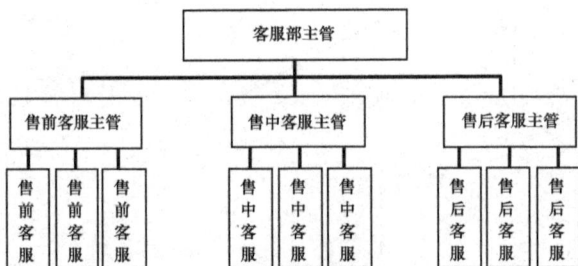

图7-1 客服团队的架构

7.1.1.1　职业适合人群

店铺在招聘客服的时候不仅要看重个人的能力，还要对成本进行控制，将客服工作性质与客服工作要求对应起来，要有针对性地对客服进行招聘，以满足店铺的需求，如表 7-1 所示。

表 7-1　客服工作性质与要求

客服工作性质	客服工作要求
工作时间不固定	自由、充足的时间
接触对象的广泛性	交际能力强
综合性工作	对事物的领悟能力强
灵活性较强	适合年轻人

根据上述客服工作性质和客服工作要求的对应分析，我们找到了适合客服工作的 3 类人群，分别是刚毕业或即将毕业的大学生、有客服从业经验的年轻人、全职妈妈，如图 7-2 所示。这 3 类人群身上都有着成为客服的优势，下面我们一一进行分析。

图7-2　职业适合人群

刚毕业或即将毕业的大学生

刚毕业或即将毕业的大学生群体的年龄为 20～23 岁，是很年轻的群体。他们对新事物有着极强的接受能力，能够最快地适应新的工作内容和工作环境。作为客服，打字是工作内容的一部分，而这群年轻人在校园生活中能够熟练地使用电脑，打字速度也十分快。因为刚踏入或即将踏入社会，他们具备着较强的学习能力，对陌生技能上手较快，而且大多都吃苦耐劳，便于管理，对薪资的要求也不高。

可以说刚毕业或即将毕业的大学生们已经具备了客服的基本素养，唯独缺少的就是工作中的实战经验，而对工作具体内容的操作可以通过后期的培训来加以弥补。

有客服从业经验的年轻人

有客服从业经验的年轻人是店铺急需的人才，他们有一定的客服工作经验，能够在最短时间内上手工作，而他们之前所积累的专业技能不仅能够继续用在现在的工作中，还能为其他员工提供经验，可以作为客服主管的备选人才进行培养。

但招聘时依然需要询问对方离职的原因，要与对方谈好薪资待遇，这类有客服从业经验的年轻人对薪资的要求是比较高的。

全职妈妈

全职妈妈是指专心照顾孩子和家庭的女性。她们时间充裕，能够自由灵活地安排时间。她们要在家带小孩，外出工作不方便，而客服工作只需要使用电脑操作，在家就能完成工作，可满足全职妈妈一边带小孩一边工作的需求，只要转化率、业绩等有保证，就没有太大问题。

全职妈妈对薪资的期望并不高，可以减少店铺的一部分开销。店铺在为全职妈妈安排接待时间的时候一定要避开妈妈们照顾孩子的时间，也要强调转化率的重要性，可不能只顾着照顾孩子就忘了客服工作的重要性。

7.1.1.2 招聘途径

淘宝客服的招聘大多通过网络进行，选择面广、影响较大，招聘的平台也较为开放，主要分为企业招聘和私人招聘两大类别。如图 7-3 所示，企业招聘一般利用淘工作、智联招聘、前程无忧等专业性的招聘网站；私人招聘一般通过 58 同城、猪八戒网、论坛及熟人介绍等途径招聘。

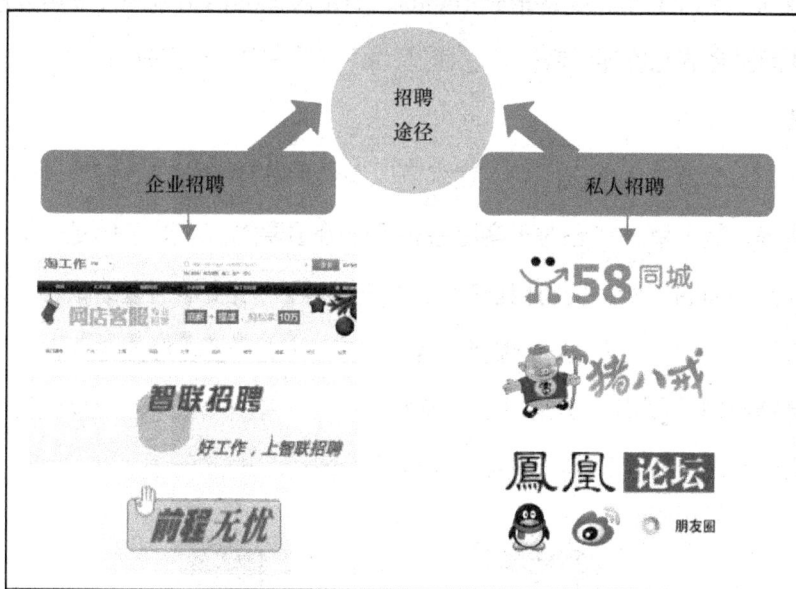

图7-3　客服招聘途径

根据招聘的途径不同，招聘的注意事项也有略微的差别。我们分别对这两类招聘的注意事项进行介绍，如表 7-2 所示。

表 7-2　招聘途径及其注意事项

招聘途径	注意事项
企业招聘	正规招聘注重排期，一般在周六、周日的各类招聘专场能招到更多的人；注意引导公司复试，以免时间太久人才流失；准备好公司的详细地址，包括坐车方式、邮箱等，进行现场招聘
私人招聘	私人招聘依赖较强的人际关系网，在招聘时依然要走招聘流程，要让面试者将不能达到的工作技能列举出来，并谈好培训方案和薪资

7.1.1.3　招聘方式

你需要什么样的员工？卖家在进行招聘时首先应该明确这个问题。态度好、能力强者是首选，态度好、能力差者可以培养，态度不好、能力强者基本不用，态度差、又没能力者不用考虑。大部分卖家在招聘时都会有这样的招聘原则，所以工作态度是十分重要的，但是怎样的招聘流程才能更为准确地反映面试者的态度呢？我们可以通过"察—听—问"进行分析。

察

一个面试者进入面试区后，卖家可以观察他的穿着打扮、行为动作、精神状态等，其中精神状态对于客服来讲是十分重要的。客服工作是一份需要随时保持活力的工作，要将自己的活力与热情最大限度地传递给顾客，如果面试者毫无活力，给人的印象就会很差，如图7-4所示。经过对面试者的外观及精神状态的观察，卖家对面试者多少有了一些印象，但千万别下结论，为了避免偏失，一定要继续进入面试的下一个环节——听。

图7-4　观察面试者的精神状态

听

接下来卖家要留给面试者3～5分钟时间做自我介绍，面试者需要在这简短的几分钟时间内对自己的性格、工作经历、获奖经历等进行条理清晰的介绍，让卖家在最短的时间内对自己的基本情况有所了解。而卖家除了听面试者所传达的信息之外，还要判断对方讲话的逻辑性、条理性以及表达能力的强弱。客服工作主要依靠交谈，那么客服的表达能力是极为重要的，也是"听"的主要考查方向。

问

在听了面试者的自我介绍之后，为了验证对方是否就是你想要的伙伴，这个时候卖家可以有选择地向面试者提出一些问题。这些问题主要针对他的性格、工作规划、工作态度，甚至卖家可以准备一些突发问题来考验对方的应变能力，如表 7-3 所示。

表 7-3　突发问题的准备

突发问题的准备	1. 对客服工作有怎样的认识？ 【检查面试者是否了解客服工作，并且是否可以在顾客询问完毕之后给出较为准确的答案，既要让面试者了解工作的乐趣所在，也要让他们了解工作的艰辛所在，这是面试者了解自己工作范畴的机会】 2. 你为什么选择电子商务这个行业？ 【了解面试者入行的深浅】 3. 你对工作有怎样的规划？ 【了解面试者的职业发展方向是否适合店铺的发展，也能个性化地对面试者进行培养】 4. 你觉得你适合这份工作吗？为什么？ 【看面试者是否善于总结和反省，是否能够正确地看待自己的能力与不足】 5. 假设性提问，例如询问面试者遇上了刁蛮顾客应该怎么处理之类的问题。 【看面试者的处事能力与沟通能力】

卖家可以在招聘时提出以上问题来测试面试者的综合能力，也可以在提问的时候反复询问类似的问题，测试对方是否有耐性，态度是否友好，是否能将枯燥的面试氛围变得轻松等。要知道对于客服工作而言，耐心和服务态度可是很重要的工作技能。

通过以上"察—听—问"的招聘流程，卖家基本能够确定面试者是否适合自己店铺的客服工作。招聘是双向选择，卖家不能始终认为只是自己在挑人，要知道你在挑人的时候，别人也会挑公司。所以卖家在经过以上环节之后，对于自己心仪的员工要坦诚地说出店铺工作各个方面的要求和待遇，比如工作的时间、工作的环境、工作的待遇、工作的提升空间以及店铺的发展规划等，让面试者进行选择。

7.1.2 客服的培训

客服团队建设的流程如图 7-5 所示，而位于首位的便是新员工培训，其中包括店铺情况介绍、轮岗培训和专业技能培训。可见客服培训是客服迅速上岗的有力保障，对客服团队建设具有重要的意义，如图 7-6 所示。

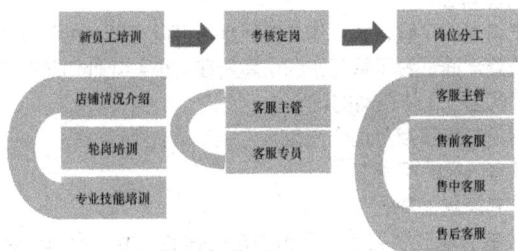

图7-5　客服团队的建设流程

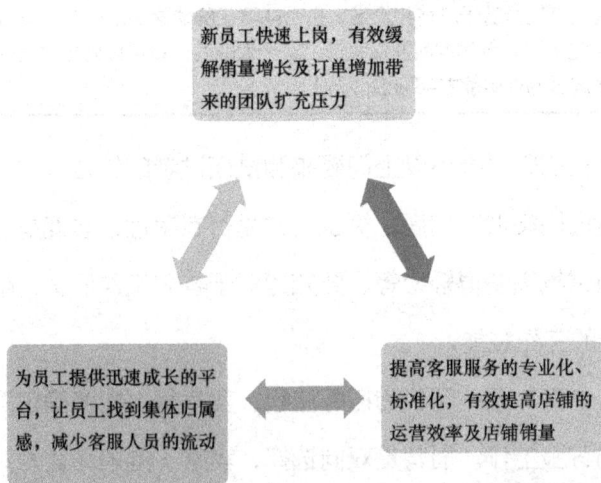

图7-6　客服培训的意义

7.1.2.1 店铺情况介绍

新员工入职后的第一件事就是要对所工作的店铺有一个全面的认识，客服培训首先需要介绍店铺情况，包括店铺成立的时间、店铺的人员结构、店铺的制度等信息。这有利于新员工迅速融入已有的成熟的团队，加强新员工对企业的认同感并找到集体归属感。下面我们从两个方面进行介绍。

店铺的基本信息

1.店铺简介

店铺简介就是对店铺总体情况的介绍，包括店铺网址、成立时间、主营业务、店铺规模以及店铺的成交额等信息。

我们以某品牌女装为例，它成立于 2006 年 11 月，主营民族时尚女装，是国内领先的设计品牌，是搭建在淘宝销售平台上的原创品牌，销售量排在淘宝女装类前列。店铺扩展迅速，富有无穷的潜力，年销售额过亿元，是淘宝平台上的"销售奇迹"。

2.店铺定位

店铺定位具体可以理解为店铺的风格定位、店铺销售人群的定位以及店铺的价格定位等。店铺的风格定位即店铺固有的特色，例如韩风、日系、中国风、欧美风等，店铺销售人群的定位即商品销售的目标人群，而店铺的价格定位即店铺出售商品的平均价格。

3.店铺历程

店铺历程是指店铺从创立至今所经历的各种挑战和取得的各种成果。客服需要对店铺历程有一个全面的了解，从而意识到店铺发展的不易。

店铺的内勤管理

店铺的内勤管理包括店铺运营的幕后流程和具体的规章制度等，如例会制度、反馈制度、老板信箱等。

对店铺整体人员情况的介绍及对各个部门的对接人员的介绍，可以让新员工熟悉周围的同事和领导，熟悉工作环境，尽快适应新环境。

例会制度和反馈制度的介绍可以让新员工熟悉店铺的日常管理工作和店铺后期的运转操作，也有利于新员工熟悉店铺的管理制度，以便用制度管理员工。

老板信箱是店铺拉近与新员工的距离的最佳方式。新入职的员工对陌生的同事、陌生的工作通常有一定的不适应，需要一个倾诉对象，老板信箱就成为新员工与店铺沟通的最好方式。好的反馈，高调宣扬；不好的情况，低调分析，重点解决。所谓高调宣扬，其实就是在员工内部进行分享，这对振奋工作激情和提升对商品的热爱很有好处。

7.1.2.2　轮岗培训

轮岗培训指员工在入职培训期间的固定时间内变换工作岗位，获得不同岗位的工作经验，目的在于让新员工对新的工作环境和业务有所了解，补充新的知识和能力，同时可以使新员工对未来工作的岗位有一个清晰的了解，加深新员工对各个环节的了解。轮岗培训的意义如图7-7所示。

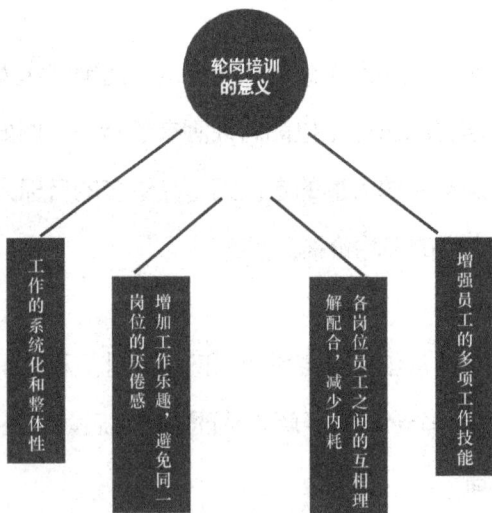

图7-7　轮岗培训的意义

客服工作的轮岗培训集中于在售前、售中、售后岗位的轮换，看似不同岗位的工作，却有着无比密切的联系。售前客服的关键在于销售，售中客服的工作集中于对订单的跟踪与反馈，售后客服顾名思义在于售后服务，3 个岗位在培训时的侧重点是不一样的，如表 7-4 所示。

表 7-4 轮岗培训的侧重点

培训对象	工作性质	培训目标
售前客服	销售类	对商品的熟悉度、与顾客的交际能力、商品销售能力、商品的搭配能力……
售中客服	订单追踪与反馈	对快递单号查询的熟悉度、异常快递单号的处理能力、及时反馈的能力……
售后客服	售后服务类	抗压能力、解决问题的能力、对淘宝规则的熟悉度、灵活处理问题的能力……

7.1.2.3 专业技能培训

客服是商品方面的专家，需要对自己店铺所出售的商品有着最全面的认识。这种全面不单单是指对商品品牌的认识，还有对整个商品类目的认识。除此之外，客服还需要对淘宝规则进行最详细的解读。这些都是客服能够独当一面所必须具备的业务技能，我们把客服的这些技能统称为专业技能。店铺需要有针对性地培养客服的专业技能。

整理商品专业知识

整理店铺所出售商品的专业知识，这些知识能够促进客服的销售，那么我们为什么要整理商品专业知识呢？整理商品专业知识的意义如图 7-8 所示。

图7-8 整理商品专业知识的意义

我们明白了整理商品专业知识的重要意义所在，但商品的知识点繁多，顾客针对商品的疑问也是多种多样的，那么我们在对商品专业知识进行整理时需要侧重于哪些方面才能更加全面地掌握商品的信息呢？我们可以从以下11个方面着手。

（1）类目标杆对手，分析对手的商品针对什么样的人群、在什么价格区间、有什么类型、有什么特点、和自己的商品有什么不同，显示出自己的优点。

（2）类目商品的一般类型，比如电子商品中就有智能手机、计算机、电视机等。

（3）类目商品优缺点的对比，比如对卸妆油和卸妆水进行对比，它们的优缺点各是什么。

（4）类目商品的一般材质，以女装为例，一般材质有蕾丝、雪纺、真丝等。

（5）类目知识搭配技巧，怎样才能让商品功能最大化，或表现出最好的效果。

（6）类目商品的规格、尺码，如何选择适合自己的商品。

（7）类目商品真假对比，比如真皮和皮革的对比、优劣对比等，并找出鉴别技巧。

（8）生活小技巧，可以更好地使用本类目商品的技巧。

（9）本类目商品的保养技巧、洗涤方式、使用效果以及正确的使用方法。

（10）购买误区或认识误区。

（11）本类目商品可能出现的售后问题及类型，并提出解决方案和预防方案。

下面我们以羽绒服为例，整理出商品的专业知识，如表7-5所示。

表7-5 羽绒服的专业知识

羽绒服的定义	内部填充羽绒的上衣，外形庞大圆润。羽绒服一般鸭绒量占一半以上，同时可以混杂一些细小的羽毛。将鸭绒清洗干净，经高温消毒之后填充在衣服中就是羽绒服了。羽绒服的保暖性较好
商品特点	羽绒服用尼丝纺做表面面料，用羽绒做填充物。羽绒服有重量轻、质地软、保暖好的特点，总重量为500~1000g，是其他御寒服重量的1/6~1/2。羽绒因柔软被用作衣服絮料，穿着舒适。羽绒不易发生纤维板结现象，表面面料多采用高密度的涂层织物，能保持衣内有较多的空气，保暖性能好
正品填充物	羽绒服中的填充物，最常见的是鹅绒和鸭绒。这两种羽绒按颜色分，又可分为白绒和灰绒
填充物价格排序	白鹅绒>灰鹅绒>白鸭绒>灰鸭绒
羽绒服羽绒部位	羽绒服里面包含绒毛和羽毛。绒毛是长在鹅、鸭等水鸟的脖子到胸腹之间的不含羽梗的毛，这个部位的毛由于经常浸在水中，所以不仅具有一定的防水性，而且它的保暖抗寒能力也是全身毛中最好的 另外，这个部位的绒毛没有羽梗，非常柔软，纤维长而蓬松度高，折合体积较小，是制作羽绒服的上乘材料
品牌	1. 波司登（1976年成立，中国规模较大、技术先进的服装生产企业之一，波司登国际控股有限公司） 2. 艾莱依（中国名牌，羽绒服十大品牌之一，行业知名品牌，专业生产羽绒服的品牌，艾莱依时尚股份有限公司） 3. 雅鹿（成立于1972年，曾获中国绿色环境认证，中国500最具价值品牌之一，苏州雅鹿控股股份有限公司） 4. 鸭鸭［中国最具竞争力品牌之一，国家重点保护品牌，江西共青鸭鸭（集团）有限公司］ 5. 雪中飞（中国名牌，中国最具竞争力品牌之一，大型服装企业，羽绒服十大品牌之一，波司登国际控股有限公司） 6. 鸭宝宝（创于1997年，东北地区规模大、全国技术先进的羽绒制衣公司之一，鸭宝宝羽绒服饰有限公司） 7. 雪伦［北京最具潜力时装品牌之一，羽绒服十大品牌之一，大型服装企业，雪伦国际时装（北京）有限公司］ 8. 千仞岗（中国羽绒制品行业最具影响力品牌之一，羽绒服十大品牌之一，江苏千仞岗实业有限公司） 9. 雁皇（成立于1987年，上海市名牌产品，国内专业羽绒服最早的品牌之一，浙江雁皇羽绒制品有限公司） 10. 坦博尔（中国羽绒行业最具影响力品牌之一，羽绒服十大品牌之一，青州市坦博尔服饰股份有限公司）
含绒量	含绒量是指这件衣服里填充的绒毛占所有填充物的比例。比如购买了一件羽绒服，填充物是90%的白鸭绒及10%的白鸭毛，就表明这件衣服的含绒量达到90%，是一件较高规格的羽绒服。含绒量低于50%的羽绒服不符合国家规定的最低标准

充绒量	充绒量和含绒量是不一样的，含绒量算的是百分比，而充绒量就是填充的实际羽绒的克数，它和衣服的大小、长短、款式等因素有关
蓬松度	蓬松度是国际上度量羽绒保暖程度的重要指标，指的是在一定条件下每一盎司（约30克）羽绒所占体积立方英寸（1立方英寸约为16立方厘米）的数值。比如，1盎司的羽绒所占的空间为600立方英寸则称该羽绒的蓬松度为600。一般而言，肥美、成熟的禽类的羽绒的蓬松度高，相反，小的禽类的羽绒的蓬松度较低
蓬松度的作用	但蓬松度到底有什么用呢？有种说法是，充绒量和含绒量代表了绒的"量"，而蓬松度则决定了绒的"质"。在充绒量相当的情况下，蓬松度越高，保暖功能就越好。因为蓬松度越高，羽绒所包含的隔热空气就越多，隔热性能也就越好。一般价格的羽绒服，蓬松度为450～500，价格稍高的羽绒服，蓬松度可以达到600～900
辨别优劣	1. 正规的厂家，一般会在商品上注明填充物，比如某羽绒服的填充物为"250克600FP 90%白鸭绒"，指的是该羽绒服填充了250g蓬松度为600的含绒量为90%的白鸭绒 2. 通过手捏来直观地感觉，一般毛梗感不明显说明含绒量高，反之则说明含绒量低。但是要注意如果感觉不到什么毛梗，则很有可能是使用飞丝填充的羽绒服。飞丝是在羽绒加工过程中从羽毛上脱落的无梗短丝毛，保暖性差，而且也没什么蓬松度，洗后易结块 3. 观察羽绒的回弹性。羽绒服的回弹性在一定程度上体现了羽绒的蓬松度，可以把羽绒服压平后展开，看羽绒服能否在较短的时间内恢复原状 4. 市场上有大量使用普通梭织面料做防绒处理的羽绒服，面料透气性很差，尽量不要选择 5. 面料要无瑕疵，无跳纱、色斑等，水洗不褪色
辨别优劣的方法	一看，做工是否精细。如果是粗制滥造的羽绒服，商品质量就不好说了，经洗涤后可能会出绒 二摸，买羽绒服主要是看羽绒的好坏，它也决定了价格的高低。用手抓一下，如果挤压后能很快回弹的，说明绒较好，恢复得比较饱满的话，说明充绒量也可以，而绒太少可能保暖效果不好 三闻，好的羽绒是没有味道的。如果凑近闻发现有异味，如腥、臭等情况时，请不要购买
挑选门道	1. 闻一下羽绒服的味道，如果发现刺鼻或者有异味的就直接忽略掉 2. 看一下羽绒服的标牌上标明的各项基本信息是否齐全，主要是含绒量、充绒量、绒毛种类和生产厂家的基本信息等，但一般没有包含蓬松度的信息，这点你可以直接咨询导购员

挑选门道	3. 仔细摸一摸羽绒服的内层，如果你觉得刺刺的，说明这件衣服里羽毛的含量较高，质量应该不会很好。如果摸上去不扎手、不刺，则说明这件衣服的含绒量相对比较高，保暖性较好 4. 接下来你可以将看中的几件羽绒服放在一起，使用同样的力度分别按住衣服的表层，回弹时间越快的羽绒服质量越好（表明蓬松度高）。而对于充绒量相同的羽绒服，体积越大（即羽绒服越蓬松）的品质越好 5. 最后就是用力拍一拍羽绒服，如果有绒毛或者粉尘出现，就说明这件羽绒服的布料的防绒性很差或者是缝合的针眼太大，这样的羽绒服会越穿越薄，防水性和透气性也不会太好，因此不建议购买这种羽绒服
购买误区	1. 含绒量越高越好。按照国家规定，羽绒服里的含绒量不得低于50%。但通常人们会认为，含绒量越高的衣服越保暖。这并不是一种完全正确的说法。首先含绒量是针对同类型羽绒服进行对比，一件长款羽绒服与一件羽绒背心的含绒量就毫无可比性。实际上含绒量80%与含绒量90%的同类型羽绒服的保暖效果并没有太明显的效果差别，一般情况下，70%~80%含绒量的羽绒服就已经满足了大多数人的要求 2. 羽绒服越厚越暖和。充绒量是指羽绒服填充的全部羽绒的总重，它跟衣服的大小、长短、款式有关。但需要提醒的是，不是充绒越多、衣服越沉，羽绒服就越保暖。因为随着填充密度的增大，通过填充料传导而损失的热量也增多。像前文介绍过的，提高羽绒填充物的蓬松度才是提高保暖性的关键。同样的充绒量，蓬松度越高，羽绒所包含的隔热空气就越多，因此隔热性能就越好 3. 羽绒服越柔软越好。实际上优质的羽绒含有一定限度的细小的羽梗是很正常的，如果说摸上去特别柔软，一点羽梗都摸不到，这样的商品也要谨慎购买。因为有的厂家会将下脚料、蓬松棉、羽毛打碎之后，填充在衣服里，当作羽绒来欺骗消费者，非但达不到好的保暖效果，卫生还可能不达标
洗涤保养	经验一：一定要手洗。在羽绒服内侧，都缝有一个印着保养和洗涤说明的小标签，细心的人都会发现，大多羽绒服标明要手洗，切忌干洗，因为干洗用的药水会影响保暖性，也会使布料老化。而机洗和甩干极易导致羽绒服填充物薄厚不均，使得衣物走形，影响美观和保暖性 经验二：30℃水温漂洗。先将羽绒服放入冷水中浸泡20分钟，让羽绒服内外充分湿润。将洗涤剂溶入30℃的温水中，再将羽绒服放入其中浸泡一刻钟，然后用软毛刷轻轻刷洗。漂洗也要用温水，这种做法利于洗涤剂充分溶解于水中，可将羽绒服漂洗得更干净

续表

洗涤保养	经验三：使用洗衣粉洗涤时浓度不能过高。如果一定要用洗衣粉清洗羽绒服，通常两盆水中放入4～5汤匙洗衣粉为宜。如果浓度过高，难以漂洗干净，羽绒中残留的洗衣粉会影响羽绒的蓬松度，大大降低保暖性 经验四：最好使用中性洗涤剂。中性洗涤剂对衣料和羽绒的伤害最小。使用碱性洗涤剂，如果漂洗不干净，残留的洗涤剂会对羽绒服造成损害，并且容易在衣服表面留下白色痕迹，影响美观。去除残留碱性洗涤剂，可在漂洗两次之后，在温水中加入两小勺食醋，将羽绒服浸泡一会儿再漂洗，食醋能中和碱性洗涤剂 经验五：不能拧干。羽绒服洗好后，不能拧干，应将水分挤出，再平铺或挂起晾干；禁止暴晒，也不要熨烫，以免烫伤衣物。晾干后，可轻轻拍打，使羽绒服恢复蓬松柔软的状态
经典搭配	 纯色大毛中长款羽绒服搭配紧身裤和长靴，更显干练和时尚　　短款羽绒服搭配长款毛衣，内长外短的层次让双腿看上去更修长，是重塑身材比例的巧妙方法
售后主要问题	1.用洗衣机洗羽绒服为什么会爆炸？ 羽绒服放入洗衣机内脱水之所以会爆炸是因为羽绒吸水性强，当水分大部分被甩干时，衣服就会不断膨胀，而洗衣机一般容量有限，在这种情况下，机器可能会发生爆炸。但爆炸的一般都是老式的分体式洗衣机，而目前使用较多的全自动洗衣机、滚筒洗衣机等都可以用来甩干羽绒服

续表

售后主要问题	2. 羽绒服发霉怎么办？ 如果发现有霉点，可用棉球蘸酒精擦拭，再用干净的湿毛巾擦洗干净，长时间晾晒一下，然后再妥善存放。很重要的一点就是，不要在阳光下暴晒，否则可能会导致面料褪色，影响美观 3. 小面积脏怎么办？ 可以试试先用清水把脏的位置用毛巾润湿了，然后蘸一些洗洁精，用力擦拭，擦干净之后，再用湿毛巾仔细地把洗洁精擦净了，然后自然晾干就可以了 4. 清洗后能拧干吗？ 羽绒服洗好后，不能拧干，应将水分挤出，再平铺或挂起晾干；禁止暴晒，也不要熨烫，以免烫伤衣物。晾干后，可轻轻拍打，使羽绒服恢复蓬松柔软的状态 5. 水温多少摄氏度合适？ 先将羽绒服放入冷水中浸泡20分钟，让羽绒服内外充分湿润。将洗涤剂溶入30℃的温水中，再将羽绒服放入其中浸泡一刻钟，然后用软毛刷轻轻刷洗。 6. 羽绒服钻毛吗？ 主要还是与面料有关，爱钻毛的羽绒服面料大多薄，选购的时候首先要选面料密度大一些的，防水双层面料可彻底解决钻毛问题
过敏症状	羽绒服轻便、美丽、暖和，羽绒被轻松柔软、舒适温暖。但是，有些人穿羽绒服或盖羽绒被后，全身会出现大小不等、形状不一、界线清楚、颜色浅红、周围有红晕、略高出皮肤、瘙痒难忍的硬性丘疹或团块（称为荨麻疹），也可表现为鼻咽痒、流涕、喷嚏、咳嗽、胸闷等症状

以上就是针对羽绒服做的商品专业知识整理，那么面对其他类型的商品，我们依然要整理出这样详细的信息。我们发现整理商品专业知识并不是一件简单的事情，需要对商品各个方面进行把握，涉及商品的组成面料、使用方法、选购要点、售后服务等各个领域。但当客服一步一步整理掌握了这些商品信息，离成为"专家"也就不远了。

学习淘宝规则

为了促进开放、透明、分享、责任的电子商务的发展，保障淘宝网用户合法权益，维护淘宝网正常经营秩序，淘宝网制订了适用于整个淘宝网交易的规则。客服对淘宝规则的学习是客服工作的内容之一。随着电子商务的不断发展，淘宝的规则也更加完善，针对不同的处理事项制订了不同的规则条款，其中包括《淘宝规则》《淘宝禁售商品管理规范》《淘宝网商品材质标准》《淘宝网商品品质抽检规则》《淘宝网材质标准定义表》《淘宝争议处理规范规则》等。

违规行为（见表7-6）。

表7-6　违规行为

严重违规行为

严重破坏淘宝经营秩序并涉嫌违反国家法律法规的行为。比如泄露他人信息，未经允许发布、传递涉及隐私权的行为等

一般违规行为

除严重违规行为外的违规行为。比如标题中含有非阿里旺旺的联系方式，利用阿里旺旺发重复的或者未经请求的卖家店铺销售信息或者广告等

违背承诺（天猫）（见表7-7）。

表7-7　违背承诺（天猫）

违背以下任一承诺的，每次扣6分	1. 淘宝判定商家确实应该承担退货退款等售后保障责任但商家拒绝承担的，包括但不仅限于以下售后服务，商品售后退换货、售后维修、保修、返修等，宠物、植物等淘宝规定的特殊商品除外； 2. 淘宝判定商家确实应该承担7天无理由退换货售后保障责任但商家拒绝承担的； 3. 参与"试用中心"的活动，拒绝向买家发送或延迟发送已承诺提供的试用商品的； 4. 商家拒绝提供或者拒绝按照承诺的方式提供发票的（特定商品除外）； 5. 买家选择支付宝担保交易，但商家拒绝使用的； 6. 商家通过阿里旺旺等方式引导买家在天猫外进行交易的； 7. 商家通过各种方式参与套取淘宝官方发放的红包或积分的； 8. 加入货到付款或信用卡付款服务的商家，拒绝提供或者拒绝按照承诺的方式提供前述服务的； 9. 加入淘宝官方活动的商家，未按照活动要求（除发货时间外）履行的
商家就已付款订单或特殊情形下对应的商品或服务有未履行的其他承诺的，每次扣4分	1. 赠品未送； 2. 商家自行承诺退换货、包维修等服务，但实际未履行的； 3. 承诺运费未履行； 4. 承诺快递未履行； 5. 未履行承诺的折扣价
天猫对违背承诺投诉的处理原则	未建立订单或建立订单但未付款状态下，就以下情形买家对商家进行违背承诺投诉的，天猫不予处理： 1. 商家拒绝提供或者拒绝按照承诺的方式提供发票的； 2. 加入信用卡付款服务的商家，拒绝提供或者拒绝按照承诺的方式提供前述服务的； 3. 加入淘宝官方活动的商家，未按照活动要求（除发货时间外）履行的

违背承诺（淘宝网）（见表 7-8）。

表 7-8　违背承诺（淘宝网）

每次扣6分	1. 卖家确实应该承担7天无理由退换货、假一赔三、数码维修等售后保障责任但卖家拒绝承担的； 2. 发货时间：加入淘宝官方活动的卖家，未按照活动要求（除发货时间外）提供服务的（细则同天猫）； 3. 参与"试用中心"活动，拒绝发货或延迟发货的； 4. 卖家通过各种方式参与套取淘宝官方发放的红包或积分的
每次扣4分	1. 买家选择支付宝担保交易，但卖家拒绝使用的； 2. 商家自行承诺退换货、包维修等服务，但实际未履行的； 3. 加入货到付款或信用卡付款服务的卖家，拒绝提供以上服务的（细则同天猫）； 4. 卖家拒绝按照买家拍下的价格交易的（交易双方另有约定的除外，设置错误时卖家应自己承担）； 5. 承诺给予买家赠品或发票等交易商品之外的物品，但实际拒绝给予的； 6. 承诺退换货、包维修等服务，但实际未履行的； 7. 承诺承担发货或退换货的运费，但实际未履行的；或7天无理由包邮商品，卖家拒绝承担发货运费的； 8. 未履行约定快递发货； 9. 未履行承诺商品折扣； 10. 卖家违背其自行做出的其他承诺
淘宝网对违背承诺投诉的处理原则	主动赔付不扣分：收到"违背承诺（三）违背发货时间承诺"投诉后，若在淘宝网人工介入且判定投诉成立前，主动按照淘宝网违背发货时间承诺的规定向买家支付相应金额违约金的，则该投诉不做扣分处理； 未主动支付违约金：人工介入且判定"违背承诺（三）违背发货时间承诺"投诉成立的，淘宝网将督促卖家支付相应金额的违约金给买家，同时按照淘宝网违背发货时间承诺的规定给予扣分处理

处罚一览表（天猫）（见表 7-9）。

表 7-9　处罚一览表（天猫）

1. 泄露他人信息每次扣6分
2. 假冒材质成分商家首次假冒材质成分的，扣6分；再次及以上假冒材质成分的，扣12分。特定类目商家假冒材质成分的，不论是否首次，每次扣12分
3. 延迟发货，商家需向买家支付该商品实际成交金额的30%作为违约金，且金额最高不超过500元，该违约金将以天猫积分形式支付
4. 违背承诺按情节严重扣4~6分
5. 恶意骚扰每次扣12分
6. 不当使用他人权利每次扣2分（同淘宝网一致）
7. 店铺屏蔽和限权时间，由12天缩短为7天。扣达12分以后，需要经过12天的"屏蔽期"才能参加考试和认证

处罚一览表（淘宝网）（见表7-10）。

表7-10 处罚一览表（淘宝网）

1. 不当使用他人权利，每次扣2分
2. 违背承诺按情节严重程度扣4~6分
3. 恶意骚扰每次扣12分，恶意骚扰包括但不仅限于通过电话、短信、阿里旺旺、邮件等方式频繁联系他人或向他人寄送骚扰物品影响他人的正常生活，妨碍他人的合法权益
4. 延迟发货为违背承诺的一种，每次扣3分
5. 泄露他人信息每次扣6分 个人隐私信息及企业内部数据包括但不仅限于企业黄页、公司老板电话、会员资料、各类人群隐私信息的相关商品及信息
6. 不当使用他人权利，每次扣2分 卖家在所发布的商品信息或所使用的店铺名、域名等中不当使用他人商标权、著作权等权利的； 卖家出售商品涉嫌不当使用他人商标权、著作权、专利权等权利的； 卖家所发布的商品信息或所使用的其他信息造成消费者混淆、误认或造成不正当竞争的
7. 店铺屏蔽和限权时间，由12天缩短为7天。扣达12分以后，需要经过12天的"屏蔽期"才能参加考试和认证

违规扣分未达到12分不会有影响，扣满12分即被处以店铺屏蔽、限制发布商品及公示警告7天的处理，等处理期满且通过考试后才可以恢复正常。

附《淘宝规则》（部分）（见表7-11）。

……………

表7-11 《淘宝规则》（部分）

第三章 交易	
第一节 注册	
第二十一条	会员应当严格遵循淘宝系统设置的注册流程完成注册
	会员在选择其淘宝会员名、淘宝店铺名或域名时应遵守国家法律法规，不得包含违法、涉嫌侵犯他人权利或干扰淘宝运营秩序等相关信息。淘宝网会员的会员名、店铺名中不得包含旗舰、专卖等词语
	会员名注册后无法自行修改
	淘宝有权收回未通过支付宝实名认证且连续一年未登录淘宝或阿里旺旺的会员账户
第二十二条	会员符合以下任一情形，其淘宝账户不得与支付宝账户取消绑定： （一）已通过支付宝实名认证且发布过商品或创建过店铺； （二）尚有未完结的交易或投诉举报； （三）支付宝账户尚未被激活或尚有被冻结款项

	第二节 经营
第二十三条	会员须符合以下条件，方可按照淘宝系统设置的流程创建店铺： （一）将其账户与通过实名认证的支付宝账户绑定； （二）通过淘宝身份认证，提供本人（包括企业）真实有效的信息； （三）公示或披露真实有效的姓名地址或营业执照等信息
第二十四条	已创建的店铺若连续6周出售中的商品数量均为零，淘宝有权将该店铺释放。 一个淘宝网会员仅能拥有一个可出售商品的账户
第二十五条	会员应当按照淘宝系统设置的流程和要求发布商品。淘宝网会员账户已绑定通过实名认证的支付宝账户，即可发布闲置商品，但创建店铺后方可发布全新及二手商品。若会员创建店铺后发布商品，并使用支付宝服务情况下，将视为接受由支付宝（中国）网络技术有限公司提供各类支付服务，并遵守《支付服务协议》有关规定。淘宝网会员发布商品的数量可能受到以下限制： （一）淘宝网有权根据卖家所经营的类目、信用积分调整其商品发布数量上限，但被调整后的可发布商品数量不少于50件； （二）淘宝网卖家发布闲置商品不得超过50件； （三）淘宝网卖家以二手闲置方式发布的书籍、音像类商品分别不超过50件且同款书籍、音像商品库存不得超过1件
第二十六条	"商品如实描述"及对其所售商品质量承担保证责任是卖家的基本义务。"商品如实描述"是指卖家在商品描述页面、店铺页面、阿里旺旺等所有淘宝提供的渠道中，应当对商品的基本属性、成色、瑕疵等必须说明的信息进行真实、完整的描述
	卖家应保证其出售的商品在合理期限内可以正常使用，包括商品不存在危及人身财产安全的不合理危险、具备商品应当具备的使用性能、符合商品或其包装上注明采用的标准等
	第三节 评价
第二十七条	买卖双方有权基于真实的交易在支付宝交易成功后15天内进行相互评价。淘宝网评价包括"信用评价"和"店铺评分"。淘宝将根据平台运营需要，调整评价的开放逻辑
第二十八条	在信用评价中，评价人若给予好评，则被评价人信用积分增加1分；若给予差评，则信用积分减少1分；若给予中评或15天内双方均未评价，则信用积分不变。如评价人给予好评而对方未在15天内给其评价，则评价人信用积分增加1分
	相同买、卖家任意14天内就同款商品的多笔支付宝交易，多个好评只加1分、多个差评只减1分。每个自然月，相同买家与淘宝网卖家之间交易，双方增加的信用积分均不得超过6分
	评价人可在做出中、差评后的30天内，对信用评价进行一次修改或删除。30天后评价不得修改。淘宝有权删除评价内容中所包含的污言秽语、广告信息及其他有违公序良俗的信息

续表

第二十九条	店铺评分由买家对卖家做出，包括宝贝与描述相符、卖家服务态度、卖家发货速度、物流发货速度4项。每项店铺评分均为动态指标，系此前连续6个月内所有评分的算术平均值
	每个自然月，相同买、卖家之间交易，卖家店铺评分仅计取前3次。店铺评分一旦做出无法修改
第三十条	自交易成功之日起180天（含）内，买家可在做出淘宝网信用评价后追加评论，追加评论的内容不得修改。卖家可对追加评论的内容进行解释，追加评论不影响淘宝网卖家的信用积分

第四章 市场管理

第一节 市场管理措施

第三十一条	为了提升消费者的购物体验，维护淘宝市场正常运营秩序，淘宝按照本规则规定的情形对会员及其经营行为采取以下临时性市场管控措施： （一）警告，是指淘宝通过口头或书面的形式对会员的不当行为进行提醒和告诫； （二）商品下架，是指将会员出售中商品转移至线上仓库； （三）单个商品搜索降权，是指调整商品在搜索结果中的排序； （四）全店商品搜索降权，是指调整会员店铺内所有商品在搜索结果中的排序 （五）单个商品搜索屏蔽，是指商品在搜索结果中不展现； （六）单个商品单一维度搜索默认不展示，是指商品信息在按价格、信用、销量等单一维度的搜索结果中默认不展现，但可经消费者主动选择后展现； （七）全店商品单一维度搜索默认不展示，是指会员店铺内所有商品在按价格、信用、销量等单一维度的搜索结果中默认不展现，但可经消费者主动选择后展现； （八）限制参加营销活动，是指限制卖家参加淘宝官方发起的营销活动； （九）单个商品监管，是指在一定时间内商品信息无法通过搜索、商品链接等方式查看； （十）店铺监管，是指在一定时间内会员店铺及店铺内所有商品信息无法通过搜索、店铺或商品链接等方式查看； （十一）支付违约金，是指根据协议约定或本规则规定由卖家向买家和/或淘宝支付一定金额的违约金； （十二）卖家绑定的支付宝收款账户的强制措施，是指对与卖家的淘宝账户绑定的支付宝收款账户采取的限制措施，包括但不限于取消收款功能、取消提现功能、禁止余额支付、冻结资金、冻结交易、永久冻结支付宝账户等

第二节 市场管理情形

第三十二条	卖家应积极提升自身经营状况，为消费者提供高品质的商品及优质的服务。对于符合商品品质好、服务质量高等情形的卖家，淘宝会适当给予鼓励或扶持的措施

续表

第三十三条	（一）会员须按照淘宝认证要求，提供本人（包含企业）真实有效的信息，提供的信息包括但不限于：身份信息、有效联系方式、真实地址等证明身份真实性、有效性、一致性的信息；对于信息不全、无效或虚假的，将无法通过认证； （二）为保障会员认证信息的持续真实有效，维护消费者权益，对已经通过淘宝认证的会员，淘宝将视情况通过定期或不定期复核的方式，验证认证信息的真实有效性。如在复核过程中发现会员提供的认证信息不全、无效或虚假的，淘宝将依据情形严重程度，采取限制发布商品、下架商品、店铺屏蔽、限制创建店铺等临时性的市场监管措施
第三十四条	卖家应妥善管理其所发布的商品信息。对近90天内未编辑、未经浏览且未成交的商品，淘宝网将定期进行商品下架
第三十五条	经新闻媒体曝光或国家质监部门通报系质量不合格的线下某一品牌、品类或批次的商品，淘宝对于会员在线上发布的相关商品信息进行临时性下架或删除
第三十六条	为保障买家的消费权益，淘宝有权基于资金安全风险、商品合规风险等评估，对资金安全风险、商品合规风险较高的订单或其他需要进行交易资金保障的订单采取冻结资金等支付宝收款账户强制措施
第三十七条	会员应遵照淘宝交易流程的各项要求进行交易，卖家应合理保障买家权益 会员如发生危及交易安全或淘宝账户安全的行为，淘宝将依照其行为的危险程度采取支付宝账户强制措施、关闭店铺、店铺监管、限制发货、限制网站登录、限制使用阿里旺旺、限制发送站内信、延长交易超时、限制买家行为、全店商品屏蔽及全店商品搜索降权等交易安全保护措施对其进行临时性的市场管控
第三十八条	加入淘宝网消费者保障服务的卖家，应根据协议约定或规则规定按期缴纳或补足保证金。淘宝网判定卖家须向买家支付违约金，但卖家实际尚未缴纳保证金或保证金余额不足，且经淘宝网催缴后未在14天内缴纳或补足的，淘宝网将给予其店铺屏蔽等临时性市场管控，直至足额缴纳为止

第五章 通用违规行为及违规处理

第一节 违规处理措施

第三十九条	为保障消费者、经营者或淘宝的正当权益，在会员违规处理期间淘宝按照本规则规定的情形对会员采取以下违规处理措施： （一）店铺屏蔽，指在搜索、导航、营销等各项服务中对会员店铺及商品等信息进行屏蔽； （二）限制发布商品，指禁止淘宝会员发布新商品； （三）限制发送站内信，指禁止淘宝会员发送站内信； （四）限制社区功能，指禁止淘宝会员使用淘江湖、论坛、帮派、打听等社区类服务；

续表

第三十九条	（五）限制买家行为，指禁止淘宝会员购买商品； （六）限制发货，指禁止淘宝会员操作处于"买家已付款，等待卖家发货"状态的交易； （七）限制使用阿里旺旺，指禁止淘宝会员使用阿里旺旺； （八）限制网站登录，指禁止淘宝会员登录淘宝网页； （九）关闭店铺，指删除淘宝会员的店铺，下架店铺内所有出售中的商品，禁止发布商品，并禁止创建店铺； （十）公示警告，指在淘宝会员的店铺页面、商品页面、阿里旺旺界面，对其正在被执行的处理进行公示； （十一）查封账户，指永久禁止会员使用违规账户登录淘宝、使用阿里旺旺等工具
	第二节 违规处理
第四十条	违规行为根据严重程度分为严重违规行为及一般违规行为，两者分别扣分、分别累计、分别执行。卖家因出售假冒商品的严重违规行为扣分将单独累计，不与其他严重违规行为合并计分
	严重违规行为，是指严重破坏淘宝经营秩序并涉嫌违反国家法律法规的行为
	一般违规行为，是指除严重违规行为外的违规行为
	违规行为根据适用的范围分为通用违规行为及特殊市场违规行为，特殊市场违规行为也遵循前款规定的严重违规行为与一般违规行为划分
第四十一条	会员发生违规行为的，其违规行为应当纠正，并扣以一定分值且公布3天。因分销商品引起的违规行为，若淘宝判定非分销商责任的，则分销商免于扣分，仅对违规行为进行纠正
第四十二条	淘宝网对会员的严重违规行为（除出售假冒商品外）采取以下节点处理方式： （一）会员严重违规扣分（除出售假冒商品外）累计达12分的，给予店铺屏蔽、限制发布商品、限制创建店铺、限制发送站内信、限制社区功能及公示警告7天的处理； （二）会员严重违规扣分（除出售假冒商品外）累计达24分的，给予店铺屏蔽、下架店铺内所有商品、限制发布商品、限制创建店铺、限制发送站内信、限制社区功能及公示警告14天的处理； （三）会员严重违规扣分（除出售假冒商品外）累计达36分的，给予关闭店铺、限制发送站内信、限制社区功能及公示警告21天的处理； （四）会员严重违规扣分（除出售假冒商品外）累计达48分的，给予查封账户的处理。 会员因单次违规扣分较多，导致累积扣分满足多个节点处理条件的，或在违规处理期间又须执行同类节点处理的，仅执行最重的节点处理
第四十三条	卖家应保证其出售的商品在合理期限内可以正常使用，包括商品不存在危及人身财产安全的不合理危险、具备商品应当具备的使用性能、符合商品或其包装上注明采用的标准等
第四十四条	被执行节点处理的会员，当其全部违规行为被纠正、违规处理期间届满、违规处理措施执行完毕且通过规则考试后，方可恢复正常状态
第四十五条	违规扣分在每年的12月31日24时清零。因出售假冒商品扣分累计达到24分及以上的，该年不进行清零，以24分计入次年；次年新增严重违规扣分未达24分的，于该年12月31日24时清零。累计扣分达48分及以上的，查封账户

7.2　日常管理

　　客服的培训与管理并非一朝一夕就能完成的事，除了前面介绍的极具针对性的培训，必要的客服管理也是不可缺少的。客服的日常管理主要侧重于店铺数据的监控、客服执行力情况的关注和客服成长的跟踪这 3 个方面。

7.2.1　店铺数据的监控

　　数据作为驱动电子商务企业发展的核心资源，在客服管理中也发挥着重要作用。店铺数据的监控内容主要包括店铺 DSR 每日变化、纠纷率、退款速度、换货及时性、聊天记录监控、后台投诉管理监控、客服询单转化率、客单价、响应速度监控、未发货订单排除情况监控等。

　　如何准确有效地权衡和管理客服的工作，数据是个硬指标。DSR 是店铺动态评分系统，如图 7-9 所示，包括店铺的好评率、宝贝与描述相符 DSR、卖家的服务态度 DSR、卖家发货的速度 DSR 等方面，DSR 在淘宝的权重一直在上升，说明淘宝越来越注重商品的质量、口碑和服务，而这些数据就是对商品质量的最好证明。

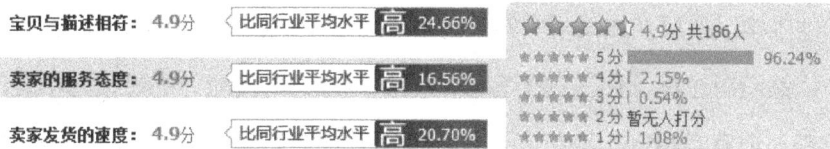

图7-9　店铺DSR

　　没有数据就没有发言权，衡量店铺的经营状况和客服的工作状况，最为科学的方式便是以数据为依据。在前面的章节中，我们学习了在数据上对客服的工作进行监控，其实在店铺的管理方面，数据分析同样重要。例如对退款率和纠纷退款率的比较和统计，若在某一段时间内这两个数据居高不下，卖家就应该从自家店铺商品的质量和客服的工作记录上寻找原因。总之，店铺数据的变动情况是卖家分析的重点，店铺数据的起伏变化不宜过大，卖家要对店铺的数据稳定性进行把握。

7.2.2　客服执行力情况的关注

店铺的销售目标与任务，最终要通过客服的执行来完成，店铺的执行力也集中体现为客服执行并完成任务的能力。因此，提升客服的执行力就是店铺发展的必要战略。那么，如何提高客服的执行力呢？卖家应关注客服的执行力情况，重点查看布置的任务是否完成，操作是否规范、统一准确。

何谓"执行"？简而言之，就是将计划转化为具体行动，如果不能转化为具体行动，再好的计划都无法带来实际效果。但是我们不能简单地将执行看作一个细节性的工作，实际上，它是一套通过提出问题、分析问题、采取行动的方式来实现目标的系统性流程。

卖家对客服执行力的考查与管理可以从客服的销售指数分析、聊天内容抽查、商品熟悉度考查等多方面实现。

客服执行力的主要落脚点在于客服是否达到店铺的销售目标，是否将培训的内容学以致用。如果一个客服第一个月没有达到销售目标，在之后的工作中依然没有达标，那么这个客服的工作能力和执行能力都是极为不足的。这里有一个真实案例，某女装品牌店铺的一个客服面对自己的销售目标信心满满，但在月末考核时却抱怨目标太高，没能完成。卖家查看了他的销售数据、工作聊天记录及工作考勤等多方面的工作数据，发现他对商品的了解程度不够，回答顾客的疑问时模棱两可，对自己的商品没有信心，往往不能给顾客一个满意的答复。卖家认为这是客服执行力的缺失，于是结合这位客服工作中暴露出的问题，有针对性地对他进行了培训，以提高他的工作执行力。

7.2.3 客服成长的跟踪

成长是自身不断变得更好、更强、更成熟的过程，客服是不断成长的个体，客服的成长需要时间和经验，我们按照客服的成长时间来跟踪客服的工作成长情况，如表7-12所示。

表7-12 跟踪客服的工作成长情况

	阶段成长目标	3个月内目标	1年内目标
客服成长目标	1.了解电子商务基本概况； 2.了解企业文化； 3.熟悉服装基本知识（面料、设计原理、洗涤、测量方法、尺码）； 4.初步了解公司商品； 5.熟悉后台操作，提高打字速度； 6.了解基本话术	1.分流到售前、售中或售后； 2.售前客服熟悉商品，了解商品卖点，熟悉基本话术，并能简单和顾客进行电话沟通； 3.售中客服熟悉淘宝后台订单管理操作，处理异常状态的订单，并进行订单跟踪； 4.售后客服熟悉售后流程，包括物流、查件、退换货、表格登记、投诉维权的基本处理方式，并开始接待售后阿里旺旺咨询； 5.总结出便捷、实用性强的售后服务方式； 6.可以进行中等难度的电话沟通	1.提高咨询转化率，礼貌接待，熟悉商品和服装类基本知识，了解顾客需求； 2.提高客单价，熟悉色彩、肤色搭配等的知识，进行形象顾问式销售，熟悉搭配套餐，熟悉单价高利润高的商品； 3.提高付款率，提高催付能力和技巧，及时跟进； 4.提高接待服务满意度，适度热情，适度使用语气词，回答问题时思路清晰； 5.熟悉商品，对尺码和服装搭配有自己的见解； 6.提高打字速度； 7.提高回购率，平时注重顾客关怀，有活动及时通知顾客； 8.主动跟进特殊情况的售后问题，提高顾客的满意度和回购率

客服的成长是阶段性的，一般分为阶段成长、3个月成长和1年内成长。根据成长周期的不同，制订的成长目标也各不相同，卖家要根据客服工作的

时长来对客服的工作进行考核，检查客服的工作状态。

在整个客服的管理中，卖家必须知道自己的客服喜欢什么样的工作方式，自己的客服把这份工作当成了什么，是短期过渡还是长期职业？是否会长期学习？是否想晋升？了解客服的需求，才能很好地帮助客服学到想学的知识。

具备金牌客服素质的人，内心都有一颗热爱学习的心，只是找不到方向。管理者就必须根据客服的不同爱好，制定不同的成长目标，帮客服规划一个属于自己的长期路线，客服按照路线一步步成长。这样客服不仅工作充实了，能力也提高了，久而久之，普通客服也就成了金牌客服。

7.3　客服的激励

在大量重复、枯燥的工作当中，客服需要不断的激励，才能对目前的岗位保持热情。当客服做得出色的时候，卖家要给予适当的赞美和鼓励，给客服一种成就感，让其有主人翁精神，这是非常重要的。在售后客服受了不少委屈之后，卖家要懂得体谅售后客服的难处和心情。管理者必须体恤基层人员，实行人性化管理，这样才能减少人员流失。只有客服流动性减弱了，才能有足够的时间去沉淀。那么我们应如何对客服进行有效的激励呢？

7.3.1　双因素激励理论的概念

如图 7-10 所示，双因素激励理论又叫激励因素－保健因素理论，是美国行为科学家弗雷德里克·赫茨伯格提出来的。激励主要围绕两个问题：在工作中，哪些事项是让他们感到满意的，并估计这种积极情绪会持续多长时间；又有哪些事项是让他们感到不满意的，并估计这种消极情绪会持续多长时间。

该理论着手于研究哪些事情使人们在工作中感到快乐和满足，哪些事情造成不愉快和不满足。结果发现，使员工感到满意的都是属于工作本身或工作内容方面的；使员工感到不满的，都是属于工作环境或工作关系方面的。他把前者叫作激励因素，把后者叫作保健因素。

激励因素

那些能带来积极态度、满意和激励作用的因素就叫作激励因素，这是能满足个人自我实现的因素，包括成就、赏识、挑战性的工作、增加的工作责任，以及成长和发展的机会。

激励因素是指除保健因素以外的因素，大多集中于个人对工作的喜爱度。对于淘宝客服而言，和顾客交流是他们主要的工作内容，但对这份工作的喜爱和珍惜都是因人而异的，那么如何让客服打心眼里热爱这份工作呢？保健因素是必不可少的保障，然而更为重要的是对客服的激励。提高客服的积极性需要有张有弛，客服在工作上不能一直处于繁忙状态。另外，在管理上需要有一些激励措施，比如培训、物质上的激励、表扬、鼓励、关心等。

保健因素

保健因素有类似于卫生保健的作用，即从人所生活的环境中消除有害健康的事物。保健因素不能直接提高人体健康水平，但有预防疾病的效果。它不是治疗性的，而是预防性的。

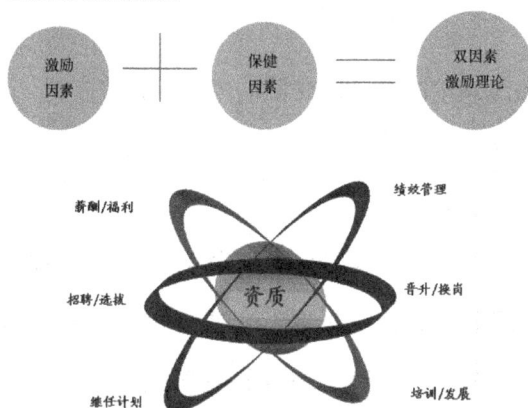

图7-10 双因素激励理论

双因素激励理论中的保健因素包括公司政策和管理、技术监督、薪水、工作条件以及人际关系等。这些因素涉及工作的消极因素，也与工作的氛围和环境有关。也就是说，对工作和工作本身而言，这些因素是外在的，而激励因素是内在的，或者说是与工作相联系的内在因素。当这些因素恶化到人们可以接受的水平以下时，人们就会对工作产生不满。但是，当人们认为这些因素很好时，它只是消除了不满，并不会导致积极的态度，这就形成了某种既不是满意、又不是不满意的中性状态。

总的来看，激励因素基本都是属于工作本身或工作内容的，保健因素基本都是属于工作环境和工作关系的。保健因素是必需的，不过它消除了不满意以后，也不能产生更积极的效果。激励因素才能使人们有更好的工作成绩。

激励因素和保健因素有若干重叠现象，如赏识属于激励因素，基本上起积极作用；但当没有受到赏识时，又可能起消极作用，这时又表现为保健因素。工资是保健因素，但有时也能产生使员工满意的结果，所以激励因素与保健因素是互相促进的。

7.3.2　双因素激励理论的应用与管理启示

理论的应用

根据双因素激励理论的原则，在调动员工积极性方面，可以分别采用以下两种基本方法。

1.直接满足

这种满足是通过工作本身和工作过程中人与人的关系得到的。它能使员工学习到新的知识和技能，产生兴趣和热情，使员工具有光荣感、责任心和成就感。因而它可以使员工受到内在激励，产生极大的工作积极性。对于这种激励方法，管理者应该予以充分重视。这种激励方法虽然有时所需的时间较长，但是一旦员工的积极性提高了，不仅可以提高生产效率，而且能够持久发挥作用，所以管理者应该充分运用这种方法。

2.间接满足

间接满足又称为工作任务以外的满足。例如晋升、授衔、嘉奖或物质报酬和福利等，都是在工作之外获得的。其中福利方面，如工资、奖金、食堂、俱乐部等，都属于间接满足。间接满足虽然也与员工所承担的工作有一定的联系，但它毕竟不是直接的，因而在调动员工积极性上往往有一定的局限性。

管理启示

1.采取了某项激励措施并不一定带来满意，要提高员工的积极性首先得注意保健因素，以消除员工的不满、怠工和对抗。

2.在企业管理实践中，欲使奖金成为激励因素，必须使奖金与员工的工作绩效相联系。为了激发员工的工作潜能，应设置竞争性的岗位，并把竞争机制贯穿到工作过程的始终。

3.因地制宜、因人而异地制订有效的激励措施和采取有效的激励手段，制订个性化的培养目标。

4.建立灵活的工资、奖金制度，防止僵化和一成不变，在工资、奖金分配制度改革中既注重公平又体现差别。

5.激励是组织管理的重要环节，被认为是"最伟大的管理原理"。就组织工作而言，对员工的激励至关重要，但对员工进行激励的时候必须注重多种激励方式的综合运用，通过培养员工自我超越的能力，打破旧的思维限制，创造出更适合组织发展的新模式。

7.4 合理调动客服的积极性

员工积极性是指员工主动在工作中付出智慧的意愿和行动，它具有极强烈的主人翁意识，脱离了被动性的工作行为，具有超强的能动性，能够使员工更好地完成工作中的任务和挑战。卖家要合理调动客服的积极性。

薪水福利

物质激励是调动客服积极性的有力保障。客服的收入基础决定了他们的生活质量。如果客服的生活质量无法保证，怎么会积极面对工作呢？而在设定客服的工资时，要注意公平性原则，制订的工资方案要科学合理，下面列举了两类客服的工资方案如表 7-13 所示。

表 7-13　客服的工资方案

售前客服工资方案	底薪+业绩提成+绩效奖金+各类补贴+全勤奖。特别备注：完成目标值，提成点数为0.5%，超出目标值部分的提成点数为0.6%，未完成目标值的提成点数为0.4%，吃住不在公司的有住房、膳食补贴，全勤奖为100元。P1岗位底薪为1700元，P2岗位底薪为1800元，P3岗位底薪为1900元，P4岗位底薪为2200元，P5岗位底薪为2500元，P6岗位底薪为2600元。绩效分数第一名奖金200元，第二名奖金100元。季度业绩第一名奖金500元，第二名奖金300元（3个月评定一次）
售后客服工资方案	基本工资（按对应级别）+绩效工资（按绩效得分）+公司业绩完成率奖金（按公司总业绩完成百分比）+ 各类补贴+全勤奖。P1岗位底薪为1700元，P2岗位底薪为1800元，P3岗位底薪为1900元，P4岗位底薪为2200元，P5岗位底薪为2500元，P6岗位底薪为2600元。绩效工资基数为700元，公司业绩完成率基数为200元。除此之外，根据公司月营业额变化幅度适当调高绩效工资基数和业绩完成率基数

职位升迁

客服职位的晋升是指客服由原来的岗位上升到另一个较高的岗位的过程，这也是员工培养的一个方面。有能者而重用之，这既能发挥客服的无限潜力，也能增加客服在店铺的存在感，使客服对这份工作有更多的依赖和付出。如图 7-11 所示，客服的职位升迁一般需要经过 5 个岗位。随着岗位的升迁，客服所负责的工作也更加复杂，要求客服不断提升自身的工作能力，成为更具可塑性的员工。

工作环境

有这样一则寓言故事。有两群鸭子，一群鸭子每天都非常勤劳地下蛋，另一群鸭子却非常懒惰，几天才下一个蛋。这两群鸭子每天互不打扰地生活着。有一天，一只外来鸭子闯入了那群勤劳鸭子的住所，它看见那里的鸭子都非常勤奋，每天竞争着下蛋，对下蛋的工作十分积极，于是它模仿着这群鸭子，每天也很努力地下蛋。一周过后，它成功了，每天也能产出又大又白的鸭蛋了。后来这只鸭子迷路了，闯入了懒惰鸭子的住所。它看见这里的鸭子对生活没什么向往，高兴时下蛋，不高兴时就几天都不下蛋。这只鸭子一时间无法找到以前的群体，于是也慢慢融入了懒惰鸭群的生活。一周之后，这只鸭子居然不会下蛋了！

这就是环境带给我们的改变，而客服的工作环境也对其工作状态产生着直接的影响。积极的工作环境不断刺激着客服努力攀登，而消极的工作环境潜移默化地使客服失去了积极性。所以在办公场所，卖家要营造积极向上的工作氛围、轻松欢快的工作情绪，这会对客服工作的有效开展大有帮助。

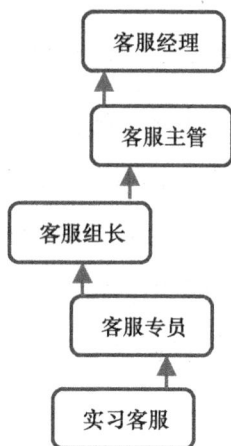

图7-11 客服职位晋升方案

员工关怀

卖家要时时刻刻让自己的员工感受到店铺的温暖，贴心为员工考虑，我们将这种以心换心的方式称为员工关怀。员工关怀的内容如图 7-12 所示。当员工感受到来自店铺的温暖时，便会竭尽所能地回报卖家，以一种感恩之心面对自己的工作，而这样的情绪在工作中能起到事半功倍的效果。

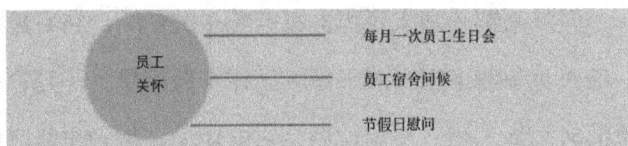

图7-12　员工关怀的内容

7.5　培养客服文化

电子商务越加繁盛地发展，激烈的市场竞争对客服服务的要求就会越来越高，在同类商品充斥的网店里，以服务作为卖点已经成为不少卖家的聪明选择。文化是一种无形资产，也是一种潜在投资。那么，作为店铺的掌舵人，卖家如何完善店铺的服务才能让顾客感受到宾至如归呢？

团队意识

售前客服、售中客服、售后客服的组成与发展并不是一个人的单打独斗，而是整个团体的共同奋战。卖家要培养客服的团队意识，让客服明白团队是拥有不同技巧的人员的组合，团队中的个体都应致力于共同的目的、共同的工作目标和共同的相互负责的处事方法，通过协作的决策，使战术小组达成共同目的，让每个人都在团队中发挥着不可替代的作用。而在遇到工作中的失误时，要善于以团队的力量去解决问题，在工作中的收获与感悟也要及时与团队成员进行分享。

以顾客为中心

以顾客为中心是以顾客的要求为中心，其目的是从顾客的满意度之中获取利润，是一种以顾客为导向的营销观念。它一方面要求客服要解答顾客的各种疑问，另一方面要求客服满足顾客个性化的需求，以其丰富的生活经验探索全新的方式，给予顾客最好的购物体验。

以顾客为中心的经营理念对客服的服务方式有严格的要求，客服切忌冷漠，要以热情饱满的态度来迎接每一位顾客，尽最大努力让顾客感受到自己的重要地位，竭尽全力让顾客满意。以顾客为中心的经营理念包括以下3个方面。

（1）使客服在服务顾客的同时贡献自己独特的经验和创意。客服不能生搬硬套商品页面上已有的内容，要以自己的生活经验和真实体验给顾客贴心的建议。

（2）尊重顾客作为独立个体的差异性，提供个性化服务。客服在确认顾客的购买需求和个性化的要求后，不能一味地推荐介绍，而不管商品是否满足顾客的需要，要针对不同的个体提供不同的服务。

（3）全程满足顾客的个体需求，与顾客全程互动的服务模式将为顾客创造完美的购物体验。

企业文化理念

企业文化理念是指淘宝店铺所形成的具有自身特点的经营宗旨、价值观念和道德行为准则的综合，如图7-13所示。而企业文化理念的确定和店铺掌舵人的创业经历有着密切的关系。首先，企业文化理念是店铺经营的核心价值观所在，决定了客服的思维方式和处理问题的法则。这些方式和法则指导经营者进行正确的决策，指导员工采用科学的方法从事生产经营活动。其次，企业文化理念决定了店铺的发展方向，代表着店铺发展的目标，没有正确的目标就等于迷失了方向，客服就要在这一目标的指导下从事销售服务活动。最后，企业文化理念具有无形的凝聚力，既能在客服之间形成团结友爱、相互信任的和睦气氛，强化团体意识，也能在客服之间形成强大的凝聚力和向心力，可以说企业文化理念支撑着店铺的发展，也是调动客服工作积极性的关键因素。

图7-13　企业文化理念

附：售前客服绩效分数表（见表7-14）。

表7-14　售前客服绩效分数表

序列	考核指标	绩效考核标准	分值（100）	自我评价	实际得分	综合排名
1	预期销售额完成度	每月达到销售目标为满分	30			
2	咨询转化率	咨询转化率达到75%为满分	15			
3	客单价	3~7月客单价均值达170元为满分，8月至次年2月客单价均值达××为满分	5			
4	客件数	客件数达1.8件为满分	10			
5	打字速度	打字速度达50~60字/分钟为及格，不及格此项分数统一为2分。70字/分钟为满分	5			
6	维权投诉、低质评价	若由客服态度原因导致虚假发货、延迟发货、违背承诺投诉，此项为0分，由客服态度服务导致的差评1个扣1分	5			
7	出错率	备注出错、没看通知出错、价格解释出错、承诺具体发货时间、具体换货时间、具体退款以及具体到账时间等，出现一次扣0.5分；由售后、仓库客服监督举证，在聊天记录中发现承诺具体时间一次扣0.5分	5			

序列	考核指标	绩效考核标准	分值（100）	自我评价	实际得分	综合排名
8	退款比例（退款÷销售额）×100%	退款比例为5%以下得5分，5%~8%得4分，8%以上至10%得3分，10%以上至15%得1~2分	5			
9	出勤状况	1.员工累计迟到或早退10分钟以内（含10分钟）者免于处罚； 2.员工累计迟到或早退15分钟以上20分钟以内（含20分钟）者，绩效扣1分； 3.员工累计迟到或早退20分钟以上30分钟以内（含30分钟）者，绩效扣2分； 4.员工累计迟到或早退30分钟以上者，按旷工半天核算，绩效扣3分	5			
10	及时反馈和解决异常情况	每周五之前书面提出售前客服需要反馈的问题和解决方案，提出1项得1分，提出5项或以上得满分，未提出此项不加分	5			
11	团队配合	积极配合团队、售后服务、店铺活动和商品主推	5			
12	总结与计划	周、月度总结及计划	5			
总计						

附：售后客服绩效分数表（见表7-15）。

表7-15 售后客服绩效分数表

序列	考核指标	绩效考核标准	分值（100）	自我评价	实际得分	综合排名
1	维权投诉、低质评价	按顾客评价，每个因售后客服投诉的中、差评扣0.5分，最低为1分	10			
2	退换货周期	退换货周期比上月缩短，并且不高于行业平均值	5			
3	服务态度	随机抽查评价及客服聊天记录，1个差评扣1分，最低为1分	10			

续表

序列	考核指标	绩效考核标准	分值（100）	自我评价	实际得分	综合排名
4	出错率	备注出错、没看通知出错、价格解释出错、承诺具体发货时间、具体换货时间、具体退款以及具体到账时间等，出现一次扣0.5分；由售后、仓库监督举证，在聊天记录中发现承诺具体时间等一次扣0.5分	10			
5	业绩完成率	（旗舰店、集市业绩统计÷目标业绩）×100%	20			
6	顾客表扬	表扬一次加1分，上限为5分。批评一次减0.5分，扣完为止（聊天记录）	5			
7	店铺退款率	小于5%得20分，5%～8%得16分，8%以上至11%得12分，11%以上得0分	20			
8	出勤情况	1.员工累计迟到或早退10分钟以内（含10分钟）者免于处罚； 2.员工累计迟到或早退15分钟以上20分钟以内（含20分钟）者，绩效扣1分； 3.员工累计迟到或早退20分钟以上30分钟以内（含30分钟）者，绩效扣2分； 4.员工累计迟到或早退30分钟以上者，按旷工半天核算，绩效扣3分	5			
9	及时反馈和解决异常情况	每周五之前提出售后客服需要反馈的问题和解决方案	5			
10	团队配合	积极带动团队配合售前销售、店铺活动和商品主推	5			
11	总结与计划	周、月度总结及计划	5			
总计						

附：淘宝客服绩效考核管理办法表（见表7-16）。

表7-16　淘宝客服绩效考核管理办法表

制度名称		淘宝客服绩效考核管理办法	编号	
			执行部门	
编制人员		审核人员		批准人员	
编制日期		审核日期		批准日期	

第1章　总则

第1条　目的

1.客观公正评价员工的工作业绩、工作能力及工作态度，促使员工不断提升工作绩效和自身能力，提升企业的整体运行效率和经济效益。

2.为员工的薪酬决策、培训规划、职位晋升、岗位轮换等人力资源管理工作提供决策依据。

第2条　适用对象

本制度适用于公司所有客服，但考评期内未到岗累计超过2个月（包括请假及其他原因缺岗）的员工不参与当期考核。

第2章　绩效考核内容

第3条　工作业绩

工作业绩主要从月销售额和对上级主管安排的任务的完成情况来体现。

第4条　工作能力

根据本人实际完成的工作成果及各方面的综合素质来评价其工作技能和水平，如专业知识掌握程度、学习新知识的能力、沟通技巧及语言文字表达能力等。

第5条　工作态度

主要对员工平时的工作表现予以评价，包括顾客纠纷、积极性、主动性、责任感、信息反馈的及时性等。

第3章　绩效考核实施

第6条　考核周期

根据岗位需要，对员工实施月度考核，其实施时间分别是下一个月的5~10日。

第7条　考核实施

1.考核者依据制订的考核指标和评价标准，对被考核者的工作业绩、工作能力、工作态度等方面进行评估，并根据考核分值确定其考核等级。

2.考核者应熟悉绩效考核制度及流程，熟练使用相关考核工具，及时与被考核者沟通，客观公正地完成考评工作。

第4章　考核结果应用

第8条　根据员工的考核结果，将其划分为5个等级，主要应用于职位晋升、培训需求、绩效提成发放、岗位工资调整等方面，具体应用如表7-17所示。

表7-17　考核结果应用表

评估等级	考核得分	所需培训强度	职位晋升	岗位级别	岗位工资调整
卓越	95~100分	无	推荐	资深客服	1800元
优秀	85~94分	一般	储备	二级客服	1700元
良好	75~84分	较强	……	一级客服	1600元
一般	65~74分	强	……	初级客服	1500元
不及格	65分以下	很强	……	见习客服	1400元

第9条　个人销售绩效提成计算方法如表7-18所示。

表7-18　个人销售绩效提成计算方法

销售额	绩效提成
15000元以下	1.5%
15000～20000元	超出15000元部分×2%+150元
20001～25000元	超出20000元部分×4%+250元
25000元以上	2%

第10条　公共销售绩效提成计算方法：公共销售绩效提成＝（公共销售业绩总额×0.5%）÷客服人数。

第11条　最终工资计算方法：当月工资＝岗位工资+个人绩效提成+公共销售绩效提成+工龄工资。

第12条　连续3个月考核排名第一的，将给予一次性200元的奖励；连续3个月考核不及格的，自动退职。

第5章　附则

第13条　本制度由公司人事部制订，报总经理审批后实施，修改时亦同。

第14条　本制度自×年×月×日起执行。